中国教育发展战略学会人才发展专业委员会"教育强国视域下人才教育培训赋能新质生产力的作用机制研究"（RCZWH2529）

光明社科文库
GUANGMING DAILY PRESS:
A SOCIAL SCIENCE SERIES

·经济与管理书系·

中央企业
人才吸引与使用问题研究

周 达 ┃ 著

光明日报出版社

图书在版编目（CIP）数据

中央企业人才吸引与使用问题研究 / 周达著 .
北京：光明日报出版社，2024.11. -- ISBN 978 - 7
- 5194 - 8267 - 1

Ⅰ. F279.241

中国国家版本馆 CIP 数据核字第 2024WH4351 号

中央企业人才吸引与使用问题研究

ZHONGYANG QIYE RENCAI XIYIN YU SHIYONG WENTI YANJIU

著　　者：周　达			
责任编辑：李壬杰		责任校对：李　倩　王秀青	
封面设计：中联华文		责任印制：曹　净	

出版发行：光明日报出版社

地　　址：北京市西城区永安路 106 号，100050

电　　话：010-63169890（咨询），010-63131930（邮购）

传　　真：010-63131930

网　　址：http：//book.gmw.cn

E - mail：gmrbcbs@gmw.cn

法律顾问：北京市兰台律师事务所龚柳方律师

印　　刷：三河市华东印刷有限公司

装　　订：三河市华东印刷有限公司

本书如有破损、缺页、装订错误，请与本社联系调换，电话：010-63131930

开　　本：170mm×240mm

字　　数：224 千字　　　　　　印　　张：12.5

版　　次：2025 年 1 月第 1 版　　印　　次：2025 年 1 月第 1 次印刷

书　　号：ISBN 978 - 7 - 5194 - 8267 - 1

定　　价：85.00 元

序　言

做一名理论与实践相结合的坚定践行者

人才是富国之本、兴邦大计。习近平总书记在党的二十大报告中强调，必须坚持"人才是第一资源"，深入实施"人才强国战略"，坚持"人才引领驱动"。坚持人才是第一资源，要求我们必须用好各类人才，充分发挥人才的作用。在认真品阅完《中央企业人才吸引与使用问题研究》的书稿后，我认为此书的出版可谓正当其时。周达是我指导过的最优秀的学生之一，看到他将研究成果出版，作为他曾经的导师感到由衷的高兴。当他邀请我能够为这本书撰写序言时，我欣然接受了这一任务，因为我认为这是一本很有价值和现实意义的学术著作。

周达同志的著作上下两篇涉及央企的两个重要领域：一是"如何引进来"，二是"如何走出去"。尽管两篇选题的视角未必能完全覆盖这两个领域，但作者所做的深入研究无疑丰富和拓展了这两个领域的理论研究和实践探索。

著作的上篇主要围绕中央企业对专业技术人才的吸引效应问题。党的二十大报告提出"加快建设世界一流企业""支持专精特新企业发展""优化科技领军企业定位和布局""加强企业主导的产学研深度融合""提高科技成果转化和产业化水平""强化企业科技创新主体地位""努力培养造就更多大师、战略科学家、一流科技领军人才和创新团队、青年科技人才、卓越工程师、大国工匠、高技能人才"等，都彰显出当下企业科技人才的重要性。而国有企业特别是中央企业，在关系国家安全和国民经济命脉的主要行业和关键领域占据支配地位，是国民经济的重要支柱，在构建新发展格局中发挥着举足轻重的作用。在此背景下，如何吸引优秀的专业技术人才就显得更为重要。

作者在大量已有理论研究和成熟测量量表的基础上，从实证角度分析了在京中央企业对专业技术人员吸引效应的影响因素及其影响强度，并从理论视角对其成因进行了阐释，据此提出了进一步强化中央企业对人才吸引力的管理建议，对完善央企人才制度颇有裨益。

著作的下篇主要围绕组织支持感对中央企业外派境外人员工作绩效的影响。随着我国"一带一路"倡议的提出和后续实践中的不断推进，中央企业越来越多的员工接受外派到境外工作，成为企业"走出去"的重要环节。但因境外社会文化环境、生活方式和习惯等方面的差异，外派员工主动参加外派工作的意愿不强、积极性不高的问题普遍存在。如何跳出单方面要求员工对企业忠诚和承诺的传统思路，从组织支持的角度激发员工积极参与外派工作的热情和积极性，成为"走出去"的中央企业必须关注的人力资源管理重要课题。

作者在综合大量人力资源管理和组织行为学的相关理论的基础上，构建了组织支持感对中央企业外派人员工作绩效的影响机制的分析框架，并将员工敬业度作为中介变量进行验证，据此提出的改进建议非常具有建设性和针对性。此外，作者还选取国内典型案例进行深入剖析，对比他国经验进行比较研究，更加拓展了这方面的研究。

上述两篇论文的共同特点是，有敏锐的问题意识、有深入的理论分析、有扎实的研究方法支撑、有切实有效的对策建议。这与周达同志的工作和学习经历有着密不可分的关系：不仅有着长期从事央企人力资源管理的一线工作经历和丰富的实践经验，而且还善于从实践中寻找问题，强化自己的理论学习和学术素养，在职期间拿到经济学和管理学两个硕士学位和一个管理学博士学位，并主持或参与了许多国家级和省部级研究课题，发表了多篇理论文章。这些都充分践行了他自己的座右铭"做人才管理实务与理论相结合的坚定践行者"。

伴随新一轮国企改革深化提升行动的全面启动，中央企业人力资源管理工作将面临诸多新的挑战，还有很多问题需要研究解决。期待周达能够在这个专业领域继续深耕，通过自己的努力实践，不断为业界奉献出新的研究成果。

是为序，与周达同志共勉！

刘旭涛

序言作者简介：刘旭涛，中共中央党校（国家行政学院）国家治理教研部三级职员、教授、博士生导师，教育部全国公共管理专业学位研究生教育指导委员会委员。长期从事公共管理、人力资源管理、绩效管理、领导能力建设等领域的教学科研咨询工作。主持多项国家级和省部级研究课题以及党政机关、国有企事业单位绩效管理、领导能力测评、竞争性选拔等方面的研究咨询课题。

前　言

党的十八以来，以习近平同志为核心的党中央坚持科技是第一生产力、人才是第一资源、创新是第一动力，全面加强党对人才工作的领导，确立了人才引领发展的战略地位。中央企业作为国家经济的支柱力量和科技创新的主力军，其人才战略的实施与成效，不仅关乎企业自身的发展，更对国家的整体竞争力和国际地位产生深远影响。

近年来，中央企业在人才吸引聚集和对外派境外工作人员支持方面进行了诸多有益的探索与实践。一方面，通过实施中央企业人才高地专项行动等举措，加大对高层次科技人才的培养和引进力度，优化人才发展环境，激发人才创新创造活力。另一方面，积极探索境外用工合规管理新模式，加强与国际规则对接，努力保障外派人员的合法权益，减少劳务纠纷的发生。这些举措不仅提升了企业的国际化经营能力，也为构建人类命运共同体贡献了力量。面对未来更加复杂多变的国际环境和更加激烈的竞争态势，中央企业在人才吸引聚集和对外派境外工作人员支持和使用方面仍需持续努力。一方面，进一步深化人才发展体制机制改革，打破束缚人才发展的思想观念和制度障碍，构建更加开放包容、公平公正的人才发展生态。另一方面，加强交流合作，学习借鉴先进的人才管理经验和技术手段，不断提升自身的竞争力。

本书聚焦中央企业在人才吸引聚集、人才支持使用两个方面的问题，对相关问题进行了探索性的分析和案例研究，旨在为相关领域的研究者、实践者和政策制定者提供一些参考和借鉴。笔者期待通过本书的出版，能够进一步推动中央企业人才战略的实施与创新，为加快建设现代新国企、建设更多世界一流企业贡献更多的智慧和力量。

目 录
CONTENTS

下篇 组织支持感对中央企业外派境外人员工作绩效影响研究

上篇　在京中央企业对专业
技术人员的引力效应问题研究

第一章

绪　论

第一节　问题的提出

一、选题背景

（一）人力资源是企业保持竞争优势的重要资源

西方未来学家约翰·奈斯比特在接受《瞭望东方周刊》记者专访时说过："未来的竞争是人才的竞争，这对所有国家都一样。"[①] 在我国历史上，唐太宗在《贞观政要》中指出："为政之要，唯在得人。"[②] 人力资源与生产资料、技术、土地等均作为生产要素的构成部分，随着人类管理实践的不断深入，人力资源日益成为驾驭所有资源的根本。

我国从改革开放以来，特别是建立社会主义市场经济体制过程中，企业的经营发展从单纯以生产为导向转变为以市场为导向，在以市场为导向的市场经济中，人力资源在社会生产中的作用显得日益重要。企业在生产经营过程中需要利用各种资源进行维系，但是如何能够更好地整合和利用资源，使已经存在的资源达到最优组合并使其发挥最大效用呢？关键在于掌握并利用这些资源的人。因此，人力资源作为各种资源中唯一存在的"活资源"，是能动性要素。在企业系统结构中，可以从生产要素结构、布局以及组织层次结构进行剖析，而

---

① 孙轶玮．被低估的中国 [J]．瞭望东方周刊，2006（34）．
② 吴兢．贞观政要译著 [M]．上海：上海古籍出版社，2006．

在生产要素结构中，人力资源作为独立的一个子系统与物资子系统、资产子系统、信息子系统并驾齐驱，人是企业的最大资产，是技术进步、加强管理以及实现组织战略目标的承载者。人力资源已在企业的生存和发展经营中逐步提升到战略地位，是企业持续竞争的优势之源。

（二）专业技术人员是国家宝贵的人力资源

我们党历来高度重视专业技术人才队伍建设工作，始终将专业技术人才队伍建设摆在重要的位置。2002 年 5 月 7 日，中共中央办公厅、国务院办公厅印发《2002—2005 年全国人才队伍建设规划纲要》（以下简称《纲要》），《纲要》明确指出："着力建设党政人才、企业经营管理人才、专业技术人才三支队伍，为改革开放和现代化建设提供坚强的人才保证"，彻底拉开了专业技术人员队伍建设的序幕。2003 年 12 月 19 日，中共中央、国务院在北京召开全国人才工作会议。2003 年 12 月 26 日，中共中央、国务院印发《关于进一步加强人才工作的决定》，明确指出："大力加强以党政人才、企业经营管理人才和专业技术人才为主体的人才队伍建设"，"坚持三支人才队伍建设一起抓。党政人才、企业经营管理人才和专业技术人才是我国人才队伍的主体，必须坚持分类指导，整体推进。"在《国家中长期人才发展规划纲要（2010—2020 年）》中进一步提出要统筹做好"六支队伍"建设，即党政人才、企业经营管理人才、专业技术人才、高技能人才、农村实用人才、社会工作人才。

党的十八大以来，党对人才工作的领导全面加强，习近平总书记站在党和国家事业发展全局的战略高度，为我国人才事业发展擘画蓝图，提出了一系列新思想、新论断、新要求，为做好新时代专业技术人才工作提供了根本遵循。人才队伍快速壮大，人才效能持续增强，专业技术人才队伍作为我国人才队伍中的骨干力量，对推动经济社会发展和科技创新起着重要的支撑作用。

（三）专业技术人员是第一生产力的主力军

截至 2019 年年底，我国专业技术人才总量达 7839.8 万人，比 2010 年年底增长近 1300 万人。人才队伍整体素质不断提升，百千万人才工程国家级人选达 6500 多人，留学回国人员 423 万人，具有高级职称以上人员占 11.3%，大学本科及以上学历人员占48%。① 科学技术是第一生产力，专业技术人员具备一定的技术创新能力和科学研究能力，代表了先进的科学技术，作为人才队伍的重要组成部分，其必然成为科学技术生产力的主力军。

二、选题意义

改革开放四十年来，国有企业作为国民经济的支柱取得了长足的发展，中央企业作为国有企业的重要组成之一，上缴税利连年创新高。据来自国务院国有资产监督管理委员会网站的数据显示，2022年，中央企业实现销售收入39.4万亿元，同比增长8.3%；实现利润2.55万亿元，同比增长5.5%；上缴税金2.8万亿元，同比增长19.3%。

企业的发展离不开人，可以说国有企业的持续发展凝聚了专业技术人员的智慧和力量。深入研究国有企业，特别是中央企业对专业技术人员的吸引问题，对于中央企业获取优秀的人力资源，保持企业持续快速发展具有重要的理论和现实意义。

（一）理论意义

一是对现有相关研究的一次梳理。英国伟大的数学家、物理学家、天文学家、自然哲学家牛顿（Newton）曾表示，如果说他比别人看得更远些，那是因为自己站在了巨人的肩膀上。但凡进行任何的学术研究都不能孤立地就研究问题单方入手，均需要对已有的学术理论和相关研究进行梳理，本文也不例外。在研究中央企业对专业技术人员的引力效应问题之前，首先对国内外关于人的理论、组织吸引研究以及人才聚集研究进行了详细梳理。梳理的过程不仅仅是对相关理论研究的一次总结，更是一种再学习和再认识的过程，有助于更好地去理解和进行后续研究。

二是对人才吸引相关研究进行了补充。现有的相关研究仅仅限定在就区域、组织对人才的吸引和集聚作用，还比较笼统。对于其中一种特定组织形式，而且是对一类特殊人员的引力效应问题，目前还缺少相关研究。本文从中央企业和专业技术人员的角度入手进行探索研究并提出相关措施建议，力求能够在现

---

① 凝聚逐梦复兴的创新力量——党的十八大以来专业技术人才工作述评 [EB/OL]. 中华人民共和国人力资源和社会保障部，2022-09-26.

有的相关研究结论基础上进行有益的补充。

（二）现实意义

一是全面落实全国和中央人才工作会议精神的体现。我们党历来高度重视人才工作，21世纪以来，党中央先后召开了三次人才工作会议，研究、部署、推动人才强国建设。2003年，召开了全国人才工作会议坚持"以人为本"、实施"人才强国"战略，详细阐述了科学的人才观，提出要以能力建设为核心培养人才并重视科学的人才评价和使用机制建设，全国人才工作会议开创了全国重视人才工作的新局面。2010年，召开了全国人才工作会议，提出要努力培养数以亿计的高素质劳动者、数以千万计的专业人才和一大批拔尖创新人才，进一步开创我国人才事业新局面。2021年，召开了中央人才工作会议进一步凸显了党管人才原则，聚焦新时代人才强国战略目标，不断开创专业技术人才工作新局面。专业技术人员作为人才队伍中的重要一支，深入研究中央企业对专业技术人员的吸引等问题，是全面落实人才工作会议精神的重要体现。对中央企业集聚各类优秀人才，从而为做强做大中央企业提供强有力的人才保证和智力支持也具有重要的现实意义。

二是中央企业有效应对国际人才竞争力的需要。深入研究专业技术人员队伍，加强专业技术人员队伍建设，不仅是提高人才队伍整体素质的客观需要，也是增强企业核心竞争力的坚强保证。当今经济全球化趋势正在加速，中央企业作为国有企业的中流砥柱将在更大范围和更深程度上参与全球竞争，而同样专业技术人才也必将参与到全世界的人才流动之中。现今企业之间的竞争，说到底是人才的竞争，人才竞争力已成为企业竞争力的重要组成部分，从这个程度上讲，本选题的现实意义非常明显。

国有企业是我国国民经济的重要支柱，是全面建成小康社会的重要力量，是党执政的重要基础。中央企业在推进技术进步方面紧密围绕行业发展和市场需求，积极推进自主创新，开发了一批具有国际、国内领先水平的新技术、新产品。据国务院国有资产监督管理委员会统计，"十三五"以来，中央企业累计获得国家科技进步奖、技术发明奖364项，占全国同类获奖总数的38%，从事研发人员达到近百万人，两院院士 229 人，工程院院士占全国 20%。① 这充分说明中央企业聚集了一大批勇于拼搏创新的专业技术骨干、高级专家等高层次专业技术人员。因此，对选题进行调查研究具有非常重要的价值。

第二节 几个主要概念的说明与界定

研究中央企业对专业技术人员的引力效应问题，就必须明确中央企业的含义与外延。具体来说，就是有必要厘清国有企业和中央企业的含义，厘清它们的特征以及作用。另外，需要对本选题中涉及的专业技术人员以及引力效应等进行说明与界定。

一、关于国有企业

（一）国有企业（State-Own Enterprise，SOE）的定义

在全世界的各个主权国家，国有企业均作为一种经济组织独立存在。早在17 世纪中期，英国就出现了由政府直接控制经营的国有企业。在我国历史上，清朝李鸿章、张之洞等洋务派代表所开办的一批官办企业，可以称得上是中国最早国有企业的雏形，但其实质是官僚资本企业。

第一，世界银行的国有企业定义。世界银行将国有企业定义为由政府部门仅凭借所有权地位控制其管理决策的、从事商业活动的企业，包括政府部门直接控制的企业、政府直接或间接地持有大部分股份的企业以及政府只持有少量股份但能有效控制的企业。②

第二，《欧共体法规指南》的定义。1980 年《欧共体法规指南》将国有企业定义为政府当局（包括中央政府和地方政府）凭借其所有权、控制权或管理

---

① 央企是科技创新的国家队！"十三五"以来获国家科技进步奖、技术发明奖 364 项[EB/OL]. https：//cj. sina. com. cn/articles/view/3164957712/bca56c1002001j744. 2021-02-23.

② 世界银行. 官办企业问题研究——国有企业改革的经济学和政治学 [M]. 北京：中国财政经济出版社，1997：183.

条例，对其施加支配性影响的企业。①

第三，我国关于国有企业定义的研究。张维迎提出从产权的角度将国有企业看作一种制度安排，这种制度安排包括：（1）剩余索取权被授予由一个以上的个体组成的共同体（公众）。（2）每个个体享有相同份额的剩余索取权。（3）没有人有权将其剩余索取权有偿转让给他人。张玉清、李春玲将国有企业定义为在社会主义市场经济条件下，将属于全国人民共同所有的资产，由国家主管部门（国资委）负责投资所形成的国有独资企业和国有控股企业。他们还提出国有企业是指国家拥有、控制地进行生产经营的经济组织，是市场主体和法人实体。②

（二）国有企业的主要特征

一是政府所有并控制。政府是国有企业的所有者或主要所有者，是企业的出资人。政府的级次不同，所拥有控制的企业也不同。中央政府控制中央国有企业，地方政府控制地方国有企业。

二是国家社会经济发展的重要经济基础。众所周知，国有企业是国民经济的支柱，广泛分布在竞争性领域和涉及国家安全、自然垄断等非竞争性领域，起到了稳定社会经济的作用。据统计，2021 年，全国国有企业资产总额为308.3 万亿元，"十三五"期间五年年均增长 15.5%；累计实现营业收入 75.5 万亿元，上缴税金 5.35 万亿元。无论是从规模还是从对国民经济的贡献率来看，国有企业都是国家社会经济发展的重要经济基础，在促进我国经济高质量发展上，国有企业发挥了顶梁柱作用。

二、关于中央企业

（一）中央企业的界定

中央企业是国有企业的主力军，通常被人们称为"共和国长子"。根据《企业国有资产监督管理暂行条例》（中华人民共和国国务院令第 378 号）和《国务

---

① 梅斯特梅克. 欧共体经济法中的国有企业［M］. 北京：法律出版社，1998：112.
② 张玉清，李春玲. 国有企业经营者激励约束研究［M］. 北京：中国经济出版社，2008：18.

院国有资产监督管理委员会主要职责内设机构和人员编制规定》（国办发〔2008〕85号）以及《党和国家机构改革方案》文件的有关规定，目前，中央企业大致可以分为以下三类：

第一类，根据《国务院关于机构设置的通知》（国发〔2008〕11号）和《国务院国有资产监督管理委员会主要职责内设机构和人员编制规定》（国办发〔2008〕85号）规定，根据国务院授权，依照《中华人民共和国公司法》等法律和行政法规履行出资人职责，监管中央所属企业（不含金融类企业）的国有资产，加强国有资产的管理工作。这类企业主要分布在军工类、电力通信类、石油化工类、建筑类及贸易类等行业。这些行业有为社会提供公共物品和竞争性产品的，也有处于自然垄断的，如石油。

第二类，《企业国有资产监督管理暂行条例》（中华人民共和国国务院令第378号）中明确规定："政企尚未分开的单位，应当按照国务院的规定，加快改革，实现政企分开。政企分开后的企业，由国有资产监督管理机构依法履行出资人职责，依法对企业国有资产进行监督管理。"据此，还存在着由国务院其他部门（部委）或团体管理的企业，如烟草、邮政、教育、文化等领域的企业。

第三类，金融保险类企业。根据2023年《党和国家机构改革方案》，这类企业目前的部分监管职能由国家金融监督管理总局履行，不再保留中国银行保险监督管理委员会。

（二）本选题研究的中央企业的范围

本选题研究的中央企业主要选定在上述第一类和第二类，即由国务院国资委管理的企业以及由国务院其他部门或团体管理的企业，暂不包含金融保险类企业。

三、专业技术人员

（一）有关"专业技术人员"一词的定义

1982年，在《国务院批转国家计划委员会关于制定长远规划工作安排的报告的通知》（国发〔1982〕149号）文件里，首先提出了"专门人才"一词，可以看作是"专业技术人员"一词最早的提法。"专门人才"一词的提出，是为了在当时开展全国人才预测与规划工作过程中便于统计与分析，提高可操作性。

文件中对"专门人才"进行了明确的界定，主要是指两类人员。一是具有中专及以上规定学历者，二是具有技术员或相当于技术员及以上专业技术职务任职资格者。

2005 年，中国人事科学研究院在研究报告中将专业技术人员界定为受过专门教育和职业培训、掌握现代化大生产专业分工中某一领域的专业知识和技能、在各种经济成分的机构中专门从事各种专业性工作和科学技术工作的人员。① 比如，教授、医生、工程师、经济师等。

在国家统计部门制定的劳动统计报表制度的指标解释中，将专业技术人员定义为在岗职工中在专业技术岗位上工作的专业技术人员及从事专业技术管理工作的人员。专业技术人员具体指：（1）工程技术人员，（2）农业技术人员，（3）科研人员（含自然科学研究、社会科学研究及实验技术人员），（4）卫生技术人员，（5）教学人员（含高等院校、中等专业学校、技工学校、中学、小学），（6）民用航空飞行技术人员，（7）船舶技术人员，（8）经济人员，（9）会计人员，（10）统计人员，（11）翻译人员，（12）图书资料、档案、文博人员，（13）新闻、出版人员、（14）律师、公证人员，（15）广播电视播音人员，（16）工艺美术人员，（17）体育人员，（18）艺术人员，（19）政工人员。

（二）本选题研究的专业技术人员的定义

综合上述有关定义，本文所指的专业技术人员指的是在中央企业（本文所设定的）内工作，具备大专以上学历、已取得专业技术职务任职资格、已取得专业技术职称且从事专业技术工作或担负专业技术管理工作的人员。

（三）专业技术人员的基本特征

根据专业技术人员的定义，可以比较直接地得出专业技术人员具备的一些基本特征。如具有技术研究能力、较强的自学能力、勇于创新的精神等。

四、引力

引力是一个物理学概念，牛顿在伟大著作《自然哲学的数学原理》一书中

---

① 中国人事科学研究院.2005 中国人才报告——构建和谐社会历史进程中的人才开发[M].北京：人民出版社，2005：65.

系统地论证了万有引力定律，而且把经典力学确立为完整而严密的体系，最早提出了"引力"一词。在经典物理学中，引力被认为是宇宙中几大基本力之一。简单来讲，物理学的引力就是指宇宙空间中的两个星体之间的相互作用力。从定义上分析，引力应该包含了两个因素，一是存在两个主体，二是存在力的作用。

借鉴物理学上的概念，本研究中的引力也包含了两个因素。一是存在两个主体，一方主体为中央企业，另一方主体是专业技术人员。二是存在力的作用，即中央企业对专业技术人员的吸引力。

五、效应

根据我国商务印书馆1996年7月修订的第3版《现代汉语词典》中的解释，效应的意思有两个。一是物理的或化学的作用所产生的效果。二是泛指某个人物的言行或某种事物的发生、发展在社会上所引起的反应和效果。在经济学中，效应经常表示人们心理满足程度的高低。

借鉴上面的含义，我们可以认为效应是一种现象所引起和带来的影响和效果。与引力的概念相联系，这种影响和效果有两个媒介，一个是中央企业，另一个是专业技术人员。专业技术人员对中央企业的影响效果可以引申为一种心理作用，心理满足程度作为桥梁构建起专业技术人员与中央企业的关系。中央企业的引力大小较难通过量化进行反映，而专业技术人员的心理作用则可以通过对调查数据经过分析后得出。因此，中央企业对专业技术人员的引力大小可以通过对效应的解释来进一步加以论证。

第三节　研究思路、结构安排与研究方法

一、研究思路

专业技术人员是第一生产力的主力军，是人才强国战略的重要力量之一。国有企业，特别是中央企业在推动经济社会发展中充分发挥了"顶梁柱"作用，在落实国家重大战略、服务构建新发展格局中充分发挥了主力军作用，在承担艰难险重任务、保障和改善民生中充分体现了姓党为民的政治本色，同时也为

专业技术人员施展才华提供了广阔平台。鉴于此，本选题运用经济学、政治学、管理学、统计学等多个角度进行全面阐述，分析在京中央企业是否对专业技术人员存在引力效应，进而分析引力效应带来的问题与成因，并提出相关建议。

二、结构安排

（一）本文写作框架

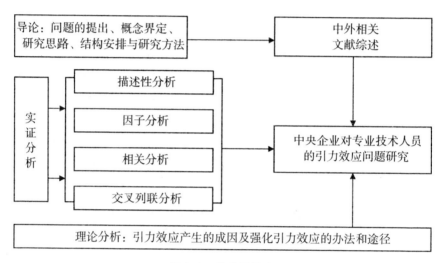

图 1-1　技术图线路

（二）研究内容的安排

本文共分五章。第一章导论部分介绍选题研究的背景和意义、概念的界定、研究框架、所运用的研究方法以及研究的创新点。本文的主线是研究中央企业对专业技术人员的引力因素，并从政府和企业的角度提出改进措施。第二章对国内外的相关文献进行回顾，梳理相关理论。第三章在文献综述的基础上，通过设计调查问卷、统计调查数据、运用多元统计软件对调查数据进行分析等环节对中央企业的引力效应进行了实证分析。第四章运用一分为二的观点，从历史原因和心理原因两个角度论证了在京中央企业对专业技术人员产生引力效应的成因。第五章为研究结论与展望，归纳总结了本研究的结论并提出了管理建议，指出了强化引力效应的办法和途径。最后对本研究存在的不足及未来展望等进行了简要说明。

三、研究方法

（一）文献法

任何一个看似普通的现象背后都会有深层次的原因。为了做好选题的研究，有必要对选题所涉及的内容有一个比较清楚的认识。所以，笔者通过网络、图书馆等途径查阅有关文献资料，收集国内外有关理论和研究成果，政府相关政策法规，等等，为本研究的开展提供理论基础。

（二）问卷调查法

除了用文献资料做定性研究以外，定量研究必不可少。美国社会学家艾尔巴比曾表示问卷是社会调查的支柱。问卷调查法是最常用的资料收集方法。本选题通过设计专门的调查问卷，通过调查获得第一手数据资料，以实际调查数据作为研究的基础，通过实证分析得出相关研究结论。

（三）个案访谈法

本文在问卷调查的基础上对部分专业技术人员进行了访谈，通过面对面地访谈可以获取专业技术人员的真实所想和意见，可以进一步深化对选题的把握。作为一名劳动经济学专业人力资源管理方向的学生，利用学习之便接触一些在中央企业从事人力资源管理相关工作的同学，这为做好个案访谈提供了有利的条件。

（四）座谈会法

座谈会是一种集体访问方法，即将许多调查对象邀请到一起同时进行访问，也就是通常说的"开调查会"①。为了使调查量表符合选题要求，在业余时间召集了部分专业技术人员和人力资源管理人员召开小型座谈会并展开讨论，听取他们的意见，以便更好地符合选题要求。

---

① 袁方. 社会调查原理与方法 ［M］. 北京：高等教育出版社，1990：263.

第四节　研究的创新点

本研究通过定性和定量研究相结合的方法，选择在京中央企业为研究主体，深入探讨了其对专业技术人员存在的引力效应，分析了中央企业对人才吸引存在的优势和弱势。本研究的创新之处主要体现在两方面：

第一，丰富了人才吸引与集聚方面的研究。当前，研究地域对人才吸引和集聚作用的文献相对较多，但针对某一特定性质组织对人才吸引集聚方面的研究相关文献还比较匮乏，特别是研究中央企业对专业技术人员吸引力问题的文献资料。本研究收集第一手资料进行研究，将现实中的中央企业对专业技术人员的吸引问题同相关的理论相结合，在阐述论证中通过设计专门的调查问卷收集第一手数据资料进行考察，从而使本文的实证分析和理论论证有据可依，进一步丰富中央企业对人才吸引和集聚方面的研究。

第二，得到在京中央企业对专业技术人员引力六因子模型，为后续探讨相关变量之间的机制奠定了基础。中央企业是国民经济支柱，专业技术人员是人才队伍中的一支重要力量，是科技生产力的主力军。本研究运用多个学科知识分析，在论证过程中，从政治学、经济学、管理学、统计学等角度对问题进行初步阐述，力求做到多视角论证分析。分析得到的引力六因子模型为后续进一步探索研究吸引力与专业技术人员职业选择等变量之间的作用机制提供了基础和参考。

第二章

中外文献综述

目前国内外就一类特殊性质的企业对人才引力效应的研究还不多。但作为选题中涉及的两个主体企业和人员来说，有一些基础性的研究理论需要把握，这些基础性的研究理论是进行选题阐述论证的重要基础。

第一节　国外相关研究与文献综述

一、关于人的基础性研究理论

人力资源是一类特殊的资源，因为人具有思想、感情、主观能动性，能够改造客观世界。因此研究涉及人的问题，就不得不首先研究人的本质。

（一）人性假设理论

1924—1933 年，美国管理学家乔治·埃尔顿·梅奥（G. E. Mayo）主持了著名的"霍桑实验"，并提出了"社会人"假设。美国心理学家道格拉斯·麦格雷戈（Douglas McGregor）在 1960 年提出了两种关于人的观点，一种属于消极的叫作"X 理论"，另一种属于积极的叫作"Y 理论"，即麦格雷戈的人性假设与管理方式理论。1965 年，美国的艾德佳·沙因教授（Edgar H. Schein）在《组织心理》（*Organizational Psychology*）一书中对前人的研究成果与自己的研究成果进行了概括和比较，系统地提出了"经济人假设（X 理论）""社会人假设""自我实现人假设（Y 理论）""复杂人假设（超 Y 理论）"。

一是经济人假设（X 理论）

（1）经济诱因引发人的工作动机，获取最大的经济利益是目的。

（2）人在被动的，被组织操纵、控制之下从事工作。

（3）组织应该设法控制人的感情，进而影响人们对经济利益的追求。

（4）人们受经济利益驱动，总是希望以最小的投入获得最满意的报酬。

二是社会人假设

（1）人们希望建立良好的人际关系，人们工作不看重经济利益，而是为了满足社会需要。

（2）工业革命使工作变得单调，因此人们从社会关系中寻找新的意义。

（3）人们期望领导者们能够承认并满足他们寻求社会关系的需要。

（4）强调非正式组织的社会影响对人们有更大的影响力。

三是自我实现人假设（Y理论）

（1）人的需要是从低级到高级分层次的，最终需要自我实现。

（2）人们希望发展提高自身的能力和技术，以便能够适应环境。

（3）外部激励和控制会对人产生威胁，造成影响。

（4）人们会调整自己的目标，从而与组织目标达成一致。

四是复杂人假设（超Y理论）

经济人假设、社会人假设、自我实现假设各自反映了当时的时代背景。但现实生活中存在着各种各样的人，人们的不同需要和不同背景因素相组合，会形成不同的工作动机，因此产生了复杂人假设。

（1）人的动机因人而异、因时而异、因地而异。各种动机形成复杂的模式。

（2）人们表现出来的动机是与所在组织经验交互作用的结果。

（3）人在不同的组织和不同的团体中可能会表现出不同的动机模式。

（4）个人工作的性质、个人工作能力和技术水平、动机都会对一个人的心理满足状态产生影响。

（5）人们可以依据自己的动机、能力和工作性质等对不同的管理方式做出不同的反应。

（二）马克思主义关于人的理论

马克思历史唯物主义同时又是辩证法，揭示了人的本质和发展规律。按照马克思主义的观点，人的本质包括两个方面：一是人与动物的区别，二是人与人的区别。从人与动物区别的层次上讲，人的本质在于社会劳动；从人与人区别的层次上讲，人的本质在于社会关系，即一切社会关系的总和。唯物史观揭示了人的本质，也就说明了人性内部的特性和属性。马克思主义认为，人的属性主要包括三方面：自然属性、社会属性和精神属性。精神属性本质上属于社会层次的属性，因此人的属性可以归纳为两方面：自然属性和社会属性。

人的自然属性主要表现为人类生存需要——衣物、食物、住房、出行以及异性等。人的社会属性是人的社会性，人不能脱离社会和群体而独立生存。社会属性表现为社会需要——安全需要、社会交往需要、自尊以及自我实现等。

二、勒温的场论研究

美国著名心理学家库尔特·勒温（Kurt Lewin）认为，人是一个场（field），人的心理活动是在一种心理场或生活空间里发生的。而生活空间（Life Space，简称 LSP）包括个人及其心理环境。个人的行为（B）与个人的能力和素质（P）以及所处的环境（E）有密切关系，是相互作用的。也就是说，行为取决于个体的生活空间（LSP）。基本函数关系式是：

$$B = f(p, e) = f(LSP) \tag{2.1}$$

函数关系式说明，在一个人能力和素质既定的情况下，如果处于不利的环境之中，则会影响个体的行为和绩效。勒温的场论认为预测个体的动机行为关键就在"生活空间"这个概念，生活空间是决定个体在某一时间里的行为的全部事件的总和。

三、关于组织吸引力和人才集聚的相关研究

组织吸引力，简单来讲可以理解为一个组织的魅力，组织本身必须有足够的魅力可以吸引符合条件和一定数量的求职者前来应聘。图尔班（Turban）和科恩（Keon）等首先提出了"组织吸引力"一词，指的是组织本身吸引潜在求职者前往应聘的程度，并且指明社会责任型企业比不负责任的企业对求职者的吸引力更大。[1]根据科连科（Kolenko）和泰勒（Taylor）的研究，组织的获利率越高，越能产生较高的人才吸引力。[2]瑞纳什（Rynes）经过研究，也指出组织

---

[1]　TURBAN D B, GREENING D W. Corporate social performance and organizational attractiveness to prospective employees [J]. Academy of Management Journal, 1996, 40: 658-672.

[2]　KOLENKO T, TAYLOR M S. The relationship between organizational image and students' interview sign-up behavior [C]. New York: Annual Meeting of the Academy of Management, 1982.

的获利能力对组织形象有正面影响，具有较高的获利能力的组织将会产生比较高的组织人才吸引力。①

目前国外关于人才集聚的研究并不多见，对产业集聚的研究已有一定的发展。事实上，产业集聚中包含着物质资本和人力资本两种形态资本的集聚，因此在研究产业集聚中，就不可避免地涉及人才集聚的问题。1890 年，英国经济学家阿尔弗雷德·马歇尔（Alfred Marshall）开始关注产业集聚这一经济现象，并提出两个重要的概念——"内部经济"和"外部经济"。之后，德国经济学家韦伯在《工业区位论》一书中，首次提出"聚集"的概念，并从微观企业区位选址的角度提出产业区位理论。美国经济学家迈克尔·波特（Michael Porter）从企业竞争力的角度对"产业群"进行了研究。

第二节　国内相关研究与文献综述

一、人性假设的观点

中国具有五千年的文明史，对人性的研究自古有之。儒家学派孟子认为，人之初，性本善。而法家思想家荀子认为，若夫目好色，耳好声，口好味，心好利，骨体肤理好愉逸，是皆生于人之情性者也，也就是"性恶论"。战国思想家告子主张"性无善无不善"的人性论。认为"生之谓性"，"食色，性也"。人性和水一样，"水无分于东西"，性也"无分于善不善"。

二、区域人才集聚研究

在区域人才集聚效应研究方面，以山东科技大学牛冲槐教授为首的一批学者做了深度的研究，并发表了一系列成果。

牛冲槐、樊燕萍、张敏在"人才聚集效应系统研究"② 中认为人才是处于一个由许多因素构成的复杂的开放系统之中，各要素综合作用的结果既可能出

---

① RYNES S L. Recruitment, job choice and post-hire consequences: a call for new research directions [M]. Palo Alto, CA: Consulting Psychologists Press, 1991: 399-444

② 牛冲槐，樊燕萍，张敏. 人才聚集效应系统研究 [J]. 系统科学学报，2006 (02): 99-103.

现 1+1>2 的正效应（积极效应），也可能出现 1+1<2 负效应（消极效应），并提出了人才聚集现象、人才聚集效应的概念、人才聚集效应的 8 个特征。

张洪潮、牛冲槐在"基于系统论的人才聚集效应再分析"[①] 中认为人才聚集系统作为一个系统特例，不仅具备子系统、结构、层次等系统基本特性，并表现出整体性、综合性、有序性、动态性和最优化五个方面的个性特征。

牛冲槐、唐朝永在"中国区域人才聚集力比较分析"[②] 中利用 2005 年度中国统计年鉴的数据，对中国大陆地区 30 个省市区域的人才聚集力进行了实证分析研究。结果显示，北京是唯一具有"很强聚集力"的第一类区域，上海、广东紧随其后为具有"强聚集力"的第二类区域。

北京大学孙其军、王咏对北京 CBD 地区人才聚集的影响因素进行了分析，指出六大环境要素对企业人才环境总体评价的影响。六大因素是经济环境、企业内部环境、社会文化环境、生活环境、人才市场环境、人才政策环境。六大环境要素中，除了社会文化环境影响相对较弱（不显著）外，其余五方面都具有较为显著的影响。其中，最关键的因素是企业内部环境和生活环境、人才政策环境，其次是人才市场环境和经济环境。[③]

首都经济贸易大学张琪、李倩在北京市委组织部 2007 年重点课题"北京CBD 功能区人才聚集的影响因素和对策研究"中指出，经济增长对人才聚集起决定作用，人才聚集对经济增长起促进作用，并且人才聚集具有极强的外部性，可以直接或间接促进经济增长。研究报告还从区域经济学和人力资源经济活动分析的角度出发，关注人才聚集的产业因素和发展因素，兼顾微观和宏观多个层面，将 CBD 人才聚集的影响因素归结为生存类因素、生活类因素、发展类因素和个性类因素。[④]

① 张洪超，牛冲槐. 基于系统论的人才聚集效应再分析［J］. 工业技术经济，2007（06）：85-88.

② 牛冲槐，唐朝永. 中国区域人才聚集力比较分析［J］. 机械管理开发，2007（S1）：138-140.

③ 孙其军，王咏. 北京 CBD 人才聚集的影响因素及对策研究［J］. 人口与经济，2008（5）：25-31.

④ 张琪，李倩. 北京 CBD 功能区人才聚集的影响因素和对策研究. 文魁，杨宜勇，杨河清. 中国人力资源和社会保障发展研究报告（2008）［J］. 北京：中国劳动社会保障出版社，2008：221.

三、关于组织人才吸引力的研究

郑杭生、李强在《社会学概论新修》中指出,企业凝聚力是指企业吸引其成员、把成员聚集于企业之中并整合成一体的力量。一般来讲,企业凝聚力表现为三个层次,即企业对其成员的吸引力、企业内部的整合力和企业一致行动的能力。①

西南石油学院工商管理学院的熊志坚、张成义在"国有企业对人才吸引力的现状及对策研究"② 中指出国有企业对人才缺乏吸引力的主要原因可归结为:人才管理体制存在弊端、人才观念落后、激励机制存在缺陷、忽视了企业文化的建设以及企业官僚主义和企业政治现象的影响五个方面,并从体制创新、更新理念、树立机制、企业文化和人际关系五个方面提出相应对策。

王养成通过对调查数据的统计分析,筛选出评价企业人才吸引力的主要指标,并运用专家意见法就所筛选的主要评价指标对有关专业人士进行了调查,最终确定了评价企业人才吸引力的五大指标。即企业实力、企业特征、企业声誉、人员管理、企业文化。企业实力指标划分为企业规模、企业获利、企业地位。企业特征指标划分为企业性质、行业特点、生命周期、产业特征。企业声誉指标划分为品牌形象、广告宣传、社会价值。人员管理划分为薪酬水平、晋升机会、培训开发、激励机制。企业文化划分为企业理念、企业制度、企业领导、管理风格。③

---

① 郑杭生,李强. 社会学概论新修:第 2 版 [M]. 北京:中国人民大学出版社,2001:196-197.
② 熊志坚,张成义. 国有企业人才吸引力的现状及对策研究 [J]. 企业经济,2002(09):59-60.
③ 王养成. 企业人才吸引力及其定量评价研究 [J]. 工业技术经济,2006(12):115-119.

第三章

调查研究概述

第一节 调查研究概述

一、研究目标与问卷设计

（一）研究目标

分析当前中央企业对专业技术人员的吸引力构成因素以及相关连带问题，以便为中央企业更好地吸引集聚专业技术人员提供建议。本研究将充分考虑专业技术人员个人、学历、工龄、环境等各因素的影响，对引力效应构成因素从不同角度和不同层面加以分析。

（二）问卷设计

美国社会学家艾尔·巴比曾言，问卷是社会调查的支柱。问卷研究是通过书面形式，以严格设计的测量项目向研究对象调查收集研究资料和数据的一种方法。问卷的设计一般包括内容、提问及回答方式以及指标的选择。其中，问卷的内容、提问及回答方式属于问卷的基本情况，而指标的选择则需要针对所研究的问题和研究对象进行详细阐述。

本研究采用自编的《在京中央企业对专业技术人员引力效应问题研究问卷》①进行调查。问卷包含中央企业引力效应因素调查和被调查人员个人信息

---

① 参见附录 A。

资料两个部分。

第一，中央企业引力效应因素调查量表的设计。

量表参考了明尼苏达满意度短式调查量表（Minnesota Satisfaction Question-naire，简称 MSQ）和冉斌的员工满意度模型①，以及由卢嘉、时勘和杨继锋归纳的工作满意度三个方面②，在此基础上初步选取了一部分在中央企业工作的专业技术人员进行访谈，了解征求了他们比较关心的问题和调查项目，征求并得到了导师的指导意见。根据上述工作结果对问卷调查项目以及量表的表述进行了编制和调整，初步确定了 33 道题目的调查量表。量表确定后，选取了部分专业技术人员进行试调查，以检测所有调查题目是否容易被理解，是否容易引起歧义，并根据试调查进行了修改，最终确定了 26 道题目的引力效应因素调查量表，从而使调查量表对本选题更加具有针对性。问卷采用李克特（Likert）5 点量表法，该量表是测量态度、观点类的一个标准化工具。量表中的 5 点即（1）非常符合，（2）比较符合，（3）一般，（4）不太符合，（5）非常不符合，来衡量被调查者的实际感受。

第二，个人背景信息资料调查量表的设计。

主要包括被调查者的一些个人基本信息，如性别、所在中央企业层级、企业所处行业类型、年龄、婚姻状况、受教育程度、工作年限、现有专业技术职务（职称）、户籍等，由被调查人选择作答。

二、研究方法

限于时间、人力以及物力各方面因素的制约，致使无法编制随机抽样所需要的抽样框，因此本调查问卷采用的是非随机抽样法中的雪球抽样的方式收集数据。另外还采用了个案访谈法对样本进行数据收集和研究。

问卷和相关信息收集以后，采用 SPSS 21.0 统计软件对数据进行了汇总、整理和分析。结合描述性统计分析法、因子分析法、相关分析法、交叉列联分析法等相应的统计分析方法，得出调查结果并进行总结。

---

① 冉斌. 员工满意度测量手册 [M]. 深圳：海天出版社，2002.
② 卢嘉，时勘，杨继锋. 工作满意度的评价结构和方法 [J]. 中国人力资源开发，2001（1）：15-17.

三、调查问卷的发放与回收

调查问卷通过现场、邮寄和网络的方式进行发放，共计回收问卷 152 份，剔除无效问卷 29 份后，得到有效问卷 123 份。问卷的有效回收率为 80.92%。

四、研究假设

第一，中央企业对专业技术人员存在引力效应。

第二，引力效应因子的重要性程度存在明显差异性。

第三，个人因素与引力效应因子之间存在相关性。

五、关于调查问卷的信度和效度

（一）信度检验

信度（Reliability）即可靠性，指测量结果的一致性或稳定性，也指测量工具能否稳定地测量所测得变量。换言之，所谓信度乃是指同一或相似母体重复进行调查或测验，其所得结果相一致的程度。①

信度指标多以相关系数表示。信度大致上可以分为两类：内在信度和外在信度。内在信度指调查表中的一组问题测量的是否同一个概念，也就是这些问题的内在一致性如何。最常用的内在信度系数有克朗巴哈（Cronbach α）系数。外在信度指在不同时间测量时调查表结果的一致性程度，最常用的外在信度指标是重测信度，即用同一问卷在不同时间对同一调查对象进行重复性测量，然后计算其一致性程度。

本研究采用克朗巴哈系数对调查问卷信度进行检验。一般认为信度系数达到 0.60 为可接受水平，达到 0.70 为较好，达到 0.80 以上为优秀。如果信度值过低或在 0.60 以下，应重新修订研究工具。

通过对调查结果的统计分析，计算结果如表 3-1 所示，问卷的克朗巴哈系数值为 0.901，表明问卷具有优秀的信度。

---

① 袁方. 社会调查原理与方法［M］. 北京：高等教育出版社，1990：153.

表 3-1　信度检验

克朗巴哈系数 α	标准化克朗巴哈系数	题目个数
0.901	0.900	26

（二）效度检验

效度（Validity）指测量工具测出变量的准确程度。换言之，效度指测量的有效性，即测量工具能准确、真实、客观地度量事物属性的程度。[①] 效度可分为三种类型：内容效度、准则效度和结构效度。内容效度指在编制量表时，调查题目对整个调查内容范围的代表程度。对内容效度常采用逻辑分析与统计分析相结合的方法进行评价。准则效度又称为效标效度或预测效度。准则效度分析是根据已经得到确定的某种理论，选择一种指标或测量工具作为准则（效标），分析问卷题项与准则的联系，若二者相关显著，或者问卷题项对准则的不同取值、特性表现出显著差异，则为有效的题项。本研究主要采用结构效度。下面主要介绍结构效度的验证过程。

结构效度指测量结果体现出来的某种结构与测值之间的对应程度。结构效度分析所采用的方法是因子分析。有的学者认为，效度分析最理想的方法是利用因子分析测量量表或整个问卷的结构效度。因子分析的主要功能是从量表全部变量（题项）中提取一些公因子，各公因子分别与某一群特定变量高度关联，这些公因子即代表了量表的基本结构。通过因子分析可以考察问卷是否能够测量出研究者设计问卷时假设的某种结构。在因子分析的结果中，主要评价结构效度的指标有累积贡献率、共同度和因子负荷。一般情况下，由因子分析得到的各因子累积贡献率达到60%以上，表明调查量表具有良好的结构效度。如表3-2所示因子分析结果，因子累积贡献率为73.065%，说明调查量表具有良好的结构效度。

---

① 袁方. 社会调查原理与方法 ［M］. 北京：高等教育出版社，2003：155.

表 3-2　解释的总方差

序号	初始特征值			提取平方和载入			旋转平方和载入		
	合计	方差(%)	累积(%)	合计	方差(%)	累积(%)	合计	方差(%)	累积(%)
1	9.127	35.102	35.102	9.127	35.102	35.102	5.335	20.519	20.519
2	3.136	12.061	47.163	3.136	12.061	47.163	4.021	15.464	35.983
3	2.889	11.112	58.275	2.889	11.112	58.275	3.806	14.637	50.621
4	1.374	5.286	63.561	1.374	5.286	63.561	2.785	10.713	61.333
5	1.249	4.804	68.365	1.249	4.804	68.365	1.581	6.081	67.414
6	1.222	4.700	73.065	1.222	4.700	73.065	1.469	5.651	73.065
7	0.954	3.668	76.733						
8	0.835	3.212	79.945						
9	0.632	2.433	82.377						
10	0.572	2.201	84.578						
11	0.527	2.029	86.607						
12	0.447	1.718	88.325						
13	0.435	1.672	89.997						
14	0.379	1.457	91.454						
15	0.345	1.328	92.783						
16	0.268	1.032	93.815						
17	0.250	0.960	94.775						
18	0.237	0.913	95.688						
19	0.213	0.818	96.506						
20	0.198	0.762	97.269						
21	0.170	0.654	97.923						
22	0.145	0.557	98.480						
23	0.127	0.488	98.967						
24	0.116	0.446	99.413						
25	0.080	0.307	99.721						
26	0.073	0.279	100.000						

提取法：主成分分析。

第二节　调查样本的情况介绍

一、样本结构

在对回收的 123 份有效问卷进行汇总整理后，调查对象的基本情况如下。

（一）性别分布

本次在被调查的 123 人中，男性 66 人，占总样本的 53.7%；女性 57 人，占总样本的 46.3%。男性略多于女性。如表 3-3 所示。

表 3-3　性别分布表

性别	频数（人）	百分比（%）	有效百分比（%）	累计百分比（%）
男	66	53.7	53.7	53.7
女	57	46.3	46.3	100.0
合计	123	100.0	100.0	

（二）所在企业层级

调查统计表明，本次属于中央管理企业集团本部的调查者 52 人，占总样本的 42.3%；中央管理企业集团所属单位的调查者 71 人，占总样本的 57.7%。后者多于前者。如表 3-4 所示

表 3-4　企业层级分布表

所在企业层级	频数（人）	百分比（%）	有效百分比（%）	累计百分比（%）
中央管理企业集团本部	52	42.3	42.3	42.3
中央管理企业集团所属单位	71	57.7	57.7	100.0
合计	123	100.0	100.0	

（三）行业分布

本选题调查主要涉及中央企业。调查结果显示，属于建筑类行业的被调查者最多，共计41人，占总样本的33.3%。投资类、生物医药类行业的被调查者最少，各是2人，分别占总调查样本的1.6%。如表3-5所示。

表3-5　所属行业分布表

	频数（人）	百分比（%）	有效百分比（%）	累计百分比（%）
军工类	4	3.3	3.3	3.3
石油化工类	6	4.9	4.9	8.2
电力类	10	8.1	8.1	16.3
电信类	11	8.9	8.9	25.2
交通运输类	10	8.1	8.1	33.3
科研类	7	5.7	5.7	39.0
建筑类	41	33.3	33.3	72.3
贸易类	11	8.9	8.9	81.2
纺织类	3	2.4	2.4	83.6
投资类	2	1.7	1.7	85.3
生物医药类	2	1.7	1.7	87.0
其他	16	13.0	13.0	100.0
合计	123	100.0	100.0	

（四）年龄分布

被调查者的年龄主要在50岁以下。在总样本中，25岁以下的被调查者有6人，占被调查总数的4.9%；26~30岁的有43人，占被调查总数的35%；31~35岁的有20人，占被调查总数的16.3%；36~40岁的有23人，占被调查总数的18.7%；41~45岁的有3人，占被调查总数的2.4%；46~50岁的有25人，占被调查总数的20.3%；51岁以上的有3人，占被调查总数的2.4%。50岁以下的被调查者累计占调查样本的97.6%。可见，从年龄上推断，本次调查的对象主要是中年以下的专业技术人员。如表3-6所示。

表 3-6 年龄分布表

	频数（人）	百分比（%）	有效百分比（%）	累计百分比（%）
25 岁以下	6	4.9	4.9	4.9
26~30 岁	43	35.0	35.0	39.9
31~35 岁	20	16.3	16.3	56.2
36~40 岁	23	18.7	18.7	74.9
41~45 岁	3	2.4	2.4	77.3
46~50 岁	25	20.3	20.3	97.6
51 岁以上	3	2.4	2.4	100.0
合计	123	100.0	100.0	

（五）婚姻状况

本次调查中，未婚的被调查者33人，占样本总量的26.8%；已婚的被调查者90人，占样本总量的73.2%。已婚的被调查者占多数，这与年龄分布相符合的。如表3-7所示。

表 3-7 婚姻状况分布表

	频数（人）	百分比（%）	有效百分比（%）	累计百分比（%）
未婚	33	26.8	26.8	26.8
已婚	90	73.2	73.2	100.0
合计	123	100.0	100.0	

（六）受教育程度分布

本次调查中，学士（含双学士）占比最多。此次调查被调查者学历专科及以下的为4人，占样本总数的3.3%；被调查者是学士（含双学士）的有94人，占样本总数的76.4%；硕士有24人，占样本总量的19.5%；博士有1人，占样本总数的0.8%。这说明，被调查者具备良好的教育背景，接受过高等教育，这与专业技术人员的特点相吻合。如表3-8所示。

表3-8　受教育程度分布表

受教育程度	频数（人）	百分比（%）	有效百分比（%）	累计百分比（%）
专业及以下	4	3.3	3.3	3.3
学士（含双学士）	94	76.4	76.4	79.7
硕士	24	19.5	19.5	99.2
博士	1	0.8	0.8	100.0
合计	123	100.0	100.0	

（七）工作年限分布

通过调查发现，被调查者中工作年限1年以下的有6人，占被调查总数的4.9%；工作1~5年的有33人，占被调查总数的26.8%；工作6~10年的有27人，占被调查总数的22%；工作11~15年的有24人，占被调查总数的19.5%；16~20年的仅4人，占被调查总数的3.3%；20年以上的有29人，占被调查总数的23.6%。工作年限分布与被调查者所处的年龄基本配合。如表3-9所示。

表3-9　工作年限分布表

工作年限	频数（人）	百分比（%）	有效百分比（%）	累计百分比（%）
1年以下	6	4.9	4.9	4.9
1~5年	33	26.8	26.8	31.7
6~10年	27	22.0	22.0	53.7
11~15年	24	19.5	19.5	73.2
16~20年	4	3.3	3.3	76.5
20年以上	29	23.5	23.5	100.0
合计	123	100.0	100.0	

（八）职称分布

本次调查中，被调查者具备中级职称者占多数。具备员级职称的有13人，占样本总量的10.6%；具备助理级职称的有36人，占样本总量的29.3%；具备中级职称的有44人，占样本总量的35.8%；具备副高级职称的有23人，占样本总量的18.7%；具备正高级职称的有7人，占样本总量的5.6%。中级职称者占多数可能与向高级职称晋升有一定难度有关。如表3-10所示。

表3-10　职称分布表

职称	频数（人）	百分比（%）	有效百分比（%）	累计百分比（%）
员级	13	10.6	10.6	10.6
助理级	36	29.3	29.3	39.9
中级	44	35.8	35.8	75.7
副高级	23	18.7	18.7	94.4
正高级	7	5.6	5.6	100.0
合计	123	100.0	100.0	

（九）分配途径分布

在通过何种途径到中央企业工作的调查中，学校毕业分配至中央企业工作的被调查者占比例最高，其次是单位调动和社会招聘。通过调查发现，学校毕业分配的有40人，占样本总量的32.5%；单位调动的有38人，占样本总量的30.9%；社会招聘的有38人，占样本总量的30.9%；军转的有5人，占样本总量的4.1%；自荐和其他途径的各有1人，分别占样本总量的0.8%。如表3-11所示。

表3-11　分配途径分布表

分配途径	频数（人）	百分比（%）	有效百分比（%）	累计百分比（%）
学校毕业分配	40	32.5	32.5	32.5
单位调动	38	30.9	30.9	63.4
社会招聘	38	30.9	30.9	94.3
军转	5	4.1	4.1	98.4
自荐	1	0.8	0.8	99.2
其他	1	0.8	0.8	100.0
合计	123	100.0	100.0	

（十）户籍分布

被调查者中拥有北京户籍的人多。调查显示，一直是北京户口的有 24 人，占样本总量的 19.5%；因在中央企业工作而解决了北京户籍的有 76 人，占样本总量的 61.8%；非北京户籍但在等待办理并有希望解决的有 23 人，占样本总量的 18.7%；而非北京户籍且没有希望解决的被调查者没有。如表 3-12 所示。

表 3-12　户籍分布表

户籍	频数（人）	百分比（%）	有效百分比（%）	累计百分比（%）
一直是北京户口	24	19.5	19.5	19.5
因在中央企业工作而办理了北京户籍	76	61.8	61.8	81.3
非北京户籍但在等待办理并有希望解决	23	18.7	18.7	100.0
非北京户籍且没有希望解决	0	0	0	0
合计	123	100.0	100.0	

二、引力效应调查量表的描述性统计分析

表 3-13　描述性统计表

	样本数		平均值	标准偏差	方差	最小值	最大值
	有效	缺失					
Y1	123	0	3.98	1.020	1.040	1	5
Y2	123	0	3.53	1.096	1.202	1	5
Y3	123	0	3.19	0.881	0.776	1	5
Y4	123	0	3.62	1.004	1.009	1	5
Y5	123	0	4.16	0.833	0.695	1	5
Y6	123	0	3.98	1.109	1.229	1	5
Y7	123	0	3.81	0.823	0.678	1	5
Y8	123	0	3.60	0.973	0.947	1	5
Y9	123	0	3.80	0.765	0.585	1	5

	样本数		平均值	标准偏差	方差	最小值	最大值
	有效	缺失					
Y10	123	0	2.81	1.314	1.727	1	5
Y11	123	0	4.25	0.648	0.420	2	5
Y12	123	0	3.62	0.979	0.959	1	5
Y13	123	0	3.15	1.048	1.099	1	5
Y14	123	0	3.63	0.863	0.744	1	5
Y15	123	0	3.02	1.028	1.057	1	5
Y16	123	0	2.85	1.116	1.246	1	5
Y17	123	0	2.59	0.974	0.950	1	5
Y18	123	0	2.62	0.873	0.763	1	5
Y19	123	0	3.28	0.741	0.550	1	5
Y20	123	0	4.00	0.905	0.820	1	5
Y21	123	0	3.05	0.867	0.752	1	5
Y22	123	0	4.37	0.952	0.906	1	5
Y23	123	0	4.67	0.695	0.484	1	5
Y24	123	0	4.73	0.654	0.427	2	5
Y25	123	0	4.02	1.028	1.057	1	5
Y26	123	0	4.51	0.813	0.662	1	5

注：问卷题目见附录 A。

（一）专业技术人员对组织特点等关注程度最强

描述性统计分析结果如表 3-13 所示。通过统计数据显示，专业技术人员选择的第 5 题 "与其他类型企业相比，我选择中央企业是因为中央企业在社会上具有较高知名度"，第 11 题 "与其他类型企业相比，我选择中央企业是因为中央企业有较强的资金和财力支持"，第 20 题 "与其他类型企业相比，我选择中央企业是因为企业有良好的工作环境（工作场所与条件）"，第 22 题 "与其他中央企业相比，我愿意选择规模较大的中央企业工作"，第 23 题 "与其他中央企业相比，我愿意选择地处北京的中央企业"，第 24 题 "与其他中央企业相比，我愿意选择具有持续盈利能力的企业"，第25题"与其他中央企业相比，在京中央企业的人才落户政策相对宽松，可以解决北京户口"，第26题"与其他中央企业相比，我愿意选择在更高级别的企业中工作"共计八个题目的均值在4分及以上。

由此可以得出结论，专业技术人员选择中央企业工作显然是非常看重这八个方面的，而且程度很强。

（二）专业技术人员对职业发展等关注程度较弱

描述性统计分析结果如表3-13所示。其中，第10题"与其他类型企业相比，我选择中央企业是因为在工作中我有较大的工作自主权，可以实践自己的想法"，第16题"与其他类型企业相比，我选择中央企业是因为在中央企业工作中很少遇到互相推诿的现象"，第17题"与其他类型企业相比，我选择中央企业是因为中央企业可以提供出国培训进修的机会"，第18题"与其他类型企业相比，我选择中央企业是因为在中央企业工作有行政级别身份（处级、科级等）"共计四个题目的均值低于五分量表的中间值3分，但高于2.5分。

由此可以得出结论，专业技术人员选择中央企业工作时相对不太看重上述四个方面，程度较弱。

第三节　构成引力效应的因子分析

一、因子的提取与命名

因子分析就是用少数几个因子来描述许多指标或因素之间的联系，以较少几个因子反映原资料的大部分信息的统计学方法。① 因子分析的基本思想是，将观测变量分类，把相关性较高即联系比较紧密的变量分在同一类中，而不同类变量之间的相关性则较低。那么每一类的变量实际上就代表了一个本质因子，或一个基本结构。因子分析就是寻找这种类型的结构，或者叫作模型。因子模

---

① 余建英，何旭宏．数据统计分析与 SPSS 应用［M］．北京：人民邮电出版社，2003：292.

型假定观测的每一个随机变量 X_i 线性地依赖于少数几个不可观测的随机变量 F_1, F_2, $\cdots F_m$ (通常称为公共因子, common factor) 和一个附加的方差源 ε_i (通常称为特殊因子, unique factor), 即可表示为:

$$X_i = a_{i1} F_1 + a_{i2} F_2 + \ldots + a_{im} F_m + \varepsilon_i \tag{3.1}$$

其中, a_{ij} 为第 i 个变量在第 j 个因子上的载荷, 称为因子负载 (factor load)。

首先对引力效应量表是否适合进行因子分析进行相应检验, 根据 KMO (Kaiser-Meyer-Olkin) 值和巴特利特 (Bartlett's Test) 检验统计量来判断。Kaiser 给出的判断标准是, 如果 KMO 值小于 0.7, 不太适合做因子分析, KMO 值大于 0.7, 表明因子分析效果一般, KMO 值大于 0.8, 表明适合做因子分析。引力效应量表检验结果如表 3-14 所示。

表 3-14　KMO 值和巴特利特检验

取样足够度的 Kaiser-Meyer-Olkin 度量		0.842
巴特利特球形检验	近似卡方	2337.848
自由度	325	
显著性		0.000

从表 3-14 的检验结果可以看出, KMO 值为 0.842, 大于 0.8, 表明适合做因子分析。在因子分析过程中, 采用主成分分析法 (Principal components), 并以正交旋转法 (Varimax) 进行因子旋转, 以特征值大于 1 为抽取因子标准, 共得到 6 个因子, 如表 3-15 所示, 表 3-15 中只给出各因子包括的题目的得分, 表 3-16 给出各因子中所有题目的得分。这 6 个因子具有较清晰的因子结构。如本文效度检验中的表 3-2 所示, 这 6 个因子的累积贡献率达到 73.065%, 表明提取出的 6 个因子可以概括被调查者选择中央企业工作的原始原因变量所包含信息的 73%。其中因子 1 能解释原始变量所包含的信息的 20.519%, 因子 2 能解释信息的比例为 15.464%, 因子 3 的解释程度 14.637%, 因子 4 的解释程度 10.713%, 因子 5 的解释程度 6.081%, 因子 6 的解释程度 5.651%。如表 3-17 所示。

根据旋转后的因子矩阵表 (如表 3-15 所示) 进行因子命名, 将 6 个因子分别命名如下。

因子 1 命名为 "工作环境", 代替了题项 15, 20, 3, 10, 13, 16, 2, 8。

主要包括提供公平竞争的机会、良好的工作环境（场所与条件）、能学到新知识的环境、有较大自主权实践想法、工作中很少遇到推诿、可以更多地成长和发展等。

因子2命名为"组织特性"，代替了题项23，26，22，11，24，12。主要包括地处北京区域、企业级别更高、规模大、持续盈利能力等。

因子3命名为"企业声望与政治色彩"，代替了题项4，7，5，9，6。主要包括与政府关系密切、企业知名度、在社会上有影响力、有国家政策倾斜等。

因子4命名为"职业发展"，代替了题项17，19，18。主要包括有出国培训机会、良好的职业前景、职业身份有行政级别。

因子5命名为"工作回报"，代替了题项21，1。主要包括收入高、有自豪感。

因子6命名为"福利保障"，代替了题项25，14。主要包括可以解决北京户籍、有健全的福利体系。

表3-15　因子分析输出结果：因子（维度）与因子负荷

	组成					
	1	2	3	4	5	6
Y15	0.863					
Y20	0.802					
Y3	0.782					
Y10	0.758					
Y13	0.750					
Y16	0.743					
Y2	0.667					
Y8	0.469					
Y23		0.843				
Y26		0.734				
Y22		0.733				
Y11		0.672				

续表

	组成					
	1	2	3	4	5	6
Y24		0.648				
Y12		0.460				
Y4			0.775			
Y7			0.770			
Y5			0.676			
Y9			0.675			
Y6			0.653			
Y17				0.790		
Y19				0.760		
Y18				0.680		
Y21					0.653	
Y1					0.545	
Y25						0.777
Y14						−0.688

提取法：主成分分析。

旋转法：具有 Kaiser 标准化的正交旋转。

a 旋转在 6 次后迭代收敛。

表 3-16 因子分析输出结果：因子（维度）与因子负荷

	组成					
	1	2	3	4	5	6
Y15	0.863	0.079	0.133	0.042	0.025	0.191
Y20	0.802	0.203	0.177	−0.144	0.076	0.088
Y3	0.782	−0.242	0.409	−0.041	0.148	−0.136
Y10	0.758	0.230	−0.092	0.066	0.028	0.012
Y13	0.750	0.118	0.140	0.209	−0.075	0.023

	组成					
	1	2	3	4	5	6
Y16	0.743	0.194	0.382	−0.098	0.114	0.017
Y2	0.667	0.009	0.472	0.100	0.310	−0.111
Y8	0.469	0.264	0.371	0.467	0.132	0.132
Y23	0.070	0.843	0.161	−0.084	0.007	0.071
Y26	0.103	0.734	0.349	−0.023	−0.149	0.055
Y22	0.127	0.733	0.206	−0.012	−0.055	0.160
Y11	0.179	0.672	0.103	0.112	0.398	−0.217
Y24	0.068	0.648	0.233	−0.062	−0.599	0.043
Y12	0.172	0.460	0.435	0.437	0.123	0.091
Y4	0.067	0.352	0.775	−0.010	0.216	−0.096
Y7	0.209	0.217	0.770	0.255	−0.155	0.153
Y5	0.339	0.449	0.676	−0.202	0.061	0.004
Y9	0.289	0.177	0.675	0.190	−0.084	0.287
Y6	0.357	0.501	0.653	0.016	0.203	0.043
Y17	−0.002	0.029	0.069	0.790	0.071	−0.128
Y19	0.296	−0.102	0.050	0.760	0.054	0.060
Y18	−0.391	−0.120	−0.032	0.680	0.039	0.124
Y21	0.129	−0.084	0.132	0.419	0.653	0.100
Y1	0.410	0.399	0.186	−0.173	0.545	0.217
Y25	−0.089	0.155	0.132	0.306	0.050	0.777
Y14	−0.274	0.003	−0.036	0.392	−0.066	−0.688

提取法：主成分分析。

旋转法：具有 Kaiser 标准化的正交旋转。

a 旋转在 6 次后迭代收敛。

表 3-17 公因子方差表

序号	初始特征值			提取平方和载入			旋转平方和载入		
	合计	方差%	累积%	合计	方差%	累积%	合计	方差%	累积%
1	9.127	35.102	35.102	9.127	35.102	35.102	5.335	20.519	20.519
2	3.136	12.061	47.163	3.136	12.061	47.163	4.021	15.464	35.983
3	2.889	11.112	58.275	2.889	11.112	58.275	3.806	14.637	50.621
4	1.374	5.286	63.561	1.374	5.286	63.561	2.785	10.713	61.333
5	1.249	4.804	68.365	1.249	4.804	68.365	1.581	6.081	67.414
6	1.222	4.700	73.065	1.222	4.700	73.065	1.469	5.651	73.065

提取法：主成分分析。

注：限于篇幅，仅在此列出部分表格，整表见本文效度检验部分。

二、因子项目的重要性分析

分别将六因子命名为 F1 工作环境、F2 组织特性、F3 企业声望与政治色彩、F4 职业发展、F5 工作回报、F6 福利保障，通过 SPSS13.0 软件计算六因子项目的均值，可以看出它们之间的重要性程度。通过计算的各因子项目重要性程度如表 3-18 所示。

表 3-18 因子均值表

排序	因 子	样本		重要性程度（均值）
		有效	缺失	
1	F2 组织特性	123	0	4.3591
2	F3 企业声望与政治色彩	123	0	3.8764
3	F6 福利保障	123	0	3.8252
4	F5 工作回报	123	0	3.5122
5	F1 工作环境	123	0	3.2693
6	F4 职业发展	123	0	2.8293

由表 3-18 可以看出，中央企业对专业技术人员产生引力效应的因素中，专业技术人员最看重的是组织特性，排名第一。其次，中央企业所具有的良好的

企业声望和其特有的政治色彩也成为专业技术人员关注的重点。职业发展的相对重要性程度最低，以均值 2.8 分排名第六。

三、因子分析结论综述

通过对上述调查数据的实证分析，可以得出以下研究结论。

第一，中央企业对专业技术人员的引力效应归为 6 个因子，即工作环境、组织特性、企业声望与政治色彩、职业发展、工作回报、福利保障。6 个因子的累积贡献率达到 73.065%，即这 6 个因子概括了中央企业引力效应的主要部分。其中，工作环境是六个因子中表现最强烈的，它能解释的原始变量所包含信息的 20.519%。其次是组织特性，解释信息的比例为 15.464%，企业声望与政治色彩的解释程度是 14.637%，职业发展、工作回报和福利保障分别解释 10.713%、6.081% 和 5.651%。

第二，从 6 个因子的平均分可以看出，专业技术人员看重的依次是组织特性、企业声望与政治色彩、福利保障、工作回报、工作环境和职业发展。平均得分依次是 4.3591、3.8764、3.8252、3.5122、3.2693、2.8293。

第三，中央企业自身所处的区域地位以及其自身规模、企业级别等因素是专业技术人员最关注的。

第四，职业发展因子排在最后，可能与中央企业内部保留部分行政色彩有关。由于在中央企业内部的职业发展，其特点部分与中央国家机关公务员性质相似，因此专业技术人员在选择时会相对将该项因素排在最后予以考虑。

第五，通过实证分析可以得出结论，验证了研究假设 1 和假设 2，即中央企业对专业技术人员存在引力效应、引力效应因子的重要性程度存在明显差异性。

四、引力因子与个人因素的相关分析

任何事物的变化都是与其他事物因素相互联系和相互影响的，用于描述事物数量特征的变量之间自然也存在一定的关系。本研究主要采用统计学中的相关分析来对各个变量之间的关系进行验证。相关分析是描述两个变量之间的相互关系的测度，指两类现象在发展变化的方向和大小方面存在一定的关系，但这种关系不像函数关系那样一一对应。相关系数是描述相关关系程度和方向的统计量，一般用 r 表示。通常情况下，当相关系数 r 的绝对值介于 0~0.3 时，两变量之间具有低度相关性；当 r 的绝对值介于 0.3~0.7 时，两变量具有中度相

关性；当 r 的绝对值介于 $0.7\sim1$ 时，表示两变量具有高度相关性；如果 r 的绝对值等于 1，表示两变量为完全正相关或完全负相关；r 的绝对值为 0，表示两变量不相关。在本节中，将利用 SPSS13.0 软件，采用皮尔逊（Pearson）相关分析法来进行相关分析。

（一）引力效应各因子与个人背景信息的相关性分析

专业技术人员的个人特点对中央企业的引力效应是否产生影响作用是需要研究的，为此将引力效应的 6 个因子：工作环境（F1）、组织特性（F2）、企业声望与政治色彩（F3）、职业发展（F4）、工作回报（F5）、福利保障（F6）和个人背景信息的性别、年龄、婚姻状况、受教育程度、工作年限、职称、分配途径、户籍情况做相关分析。分析结果如表 3-19、表 3-20、表 3-21、表 3-22、表 3-23、表 3-24 所示。

1. 工作环境与个人背景信息的相关分析

如表 3-19 所示，工作环境因子与专业技术人员的年龄、工作年限、婚姻状况、职称因素相关系数达到显著性水平，显著性水平为 0.01。相关关系依次减弱，简单相关系数依次分别为 0.551、0.498、0.366、0.316。相关系数均达到中性相关水平，说明以上个人因素对引力效应中的工作环境因子产生显著性影响。

2. 组织特性与个人背景信息的相关分析

如表 3-20 所示，组织特性因子与专业技术人员的年龄因素相关系数达到显著性水平，显著性水平为 0.01，简单相关系数为 0.261。工作年限与组织特性因子在显著性水平为 0.05 时通过检验，相关系数为 0.220。说明以上年龄因素和工作年限因素对引力效应中的组织特性因子呈现出线形相关关系。

3. 企业声望与政治色彩与个人背景信息的相关分析

如表 3-21 所示，企业声望与政治色彩因子与专业技术人员的年龄、工作年限、职称、受教育程度因素相关关系依次减弱，简单相关系数依次分别为 0.320、0.278、0.199、0.194。虽然相关系数并不是很高，但是在显著性水平为 0.05 时都通过了统计检验，说明以上因素和企业声望与政治色彩因子呈现一定的线形相关关系。

4. 职业发展与个人背景信息的相关分析

如表 3-22 所示，专业技术人员的职称、工作年限和年龄因素与职业发展因子呈现负相关关系，简单相关系数依次分别为-0.318、-0.284、-0.222。相关系数并不很高，但在显著性水平为0.05时，都通过了统计检验。

5. 工作回报与个人背景信息的相关分析

如表3-23所示，工作回报因子与专业技术人员的婚姻状况、受教育程度因素相关，简单相关系数依次分别为0.234、0.213。在显著性水平为0.05时，都通过了统计检验，说明以上因素对工作回报因子产生显著性影响。

6. 福利保障与个人背景信息的相关分析

如表3-24所示，专业技术人员的性别、年龄、婚姻状况、工作年限、职称和分配途径与福利保障因子呈现负相关关系，简单相关系数依次分别为-0.226、-0.279、-0.324、-0.356、-0.354、-0.196。户籍因素与福利保障因子呈现正相关关系，相关系数为0.438。在显著性水平为0.05时，都通过了统计检验。

表3-19　工作环境与个人背景信息的相关分析表

		F1	性别	年龄	婚姻状况	受教育程度	工作年限	职称	途径	户籍
F1	皮尔逊相关系数	1	.139	.551 (**)	.366 (**)	.190 (*)	.498 (**)	.316 (**)	-.098	.050
	Sig.（2-tailed）		.124	.000	.000	.035	.000	.000	.283	.581
	样本数	123	123	123	123	123	123	123	123	123
性别	皮尔逊相关系数	.139	1	.299 (**)	.195 (*)	-.143	.303 (**)	.040	.165	-.172
	Sig.（2-tailed）	.124		.001	.031	.114	.001	.657	.068	.057
	样本数	123	123	123	123	123	123	123	123	123
年龄	皮尔逊相关系数	.551 (**)	.299 (**)	1	.607 (**)	-.223 (*)	.947 (**)	.756 (**)	-.105	-.114
	Sig.（2-tailed）	.000	.001		.000	.013	.000	.000	.248	.209
	样本数	123	123	123	123	123	123	123	123	123
婚姻状况	皮尔逊相关系数	.366 (**)	.195 (*)	.607 (**)	1	-.081	.642 (**)	.621 (**)	-.018	-.097
	Sig.（2-tailed）	.000	.031	.000		.376	.000	.000	.843	.286
	样本数	123	123	123	123	123	123	123	123	123

		F1	性别	年龄	婚姻状况	受教育程度	工作年限	职称	途径	户籍
教育程度	皮尔逊相关系数	.190 (*)	-.143	-.223 (*)	-.081	1	-.258 (**)	-.286 (**)	-.286 (**)	.143
	Sig.（2-tailed）	.035	.114	.013	.376		.004	.001	.001	.116
	样本数	123	123	123	123	123	123	123	123	123
工作年限	皮尔逊相关系数	.498 (**)	.303 (**)	.947 (**)	.642 (**)	-.258 (**)	1	.776 (**)	.015	-.143
	Sig.（2-tailed）	.000	.001	.000	.000	.004		.000	.867	.114
	样本数	123	123	123	123	123	123	123	123	123
职称	皮尔逊相关系数	.316 (**)	.040	.756 (**)	.621 (**)	-.286 (**)	.776 (**)	1	-.039	-.091
	Sig.（2-tailed）	.000	.657	.000	.000	.001	.000		.670	.318
	样本数	123	123	123	123	123	123	123	123	123
途径	皮尔逊相关系数	-.098	.165	-.105	-.018	-.286 (**)	.015	-.039	1	-.197 (*)
	Sig.（2-tailed）	.283	.068	.248	.843	.001	.867	.670		.029
	样本数	123	123	123	123	123	123	123	123	123
户籍	皮尔逊相关系数	.050	-.172	-.114	-.097	.143	-.143	-.091	-.197 (*)	1
	Sig.（2-tailed）	.581	.057	.209	.286	.116	.114	.318	.029	
	样本数	123	123	123	123	123	123	123	123	123

* Correlation is significant at the 0.05 level（2-tailed）：代表在 0.05 显著性水平下显著相关，以下同。

** Correlation is significant at the 0.01 level（2-tailed）：代表在 0.01 显著性水平下显著相关，以下同。

因篇幅限制，表 3-19 至表 3-24 内小数点前的 0 省略。

表 3-20　组织特性与个人背景信息的相关分析表

		F2	性别	年龄	婚姻状况	受教育程度	工作年限	职称	途径	户籍
F2	皮尔逊相关系数	1	-.018	.261 (**)	.063	.017	.220 (*)	.141	.141	.027
	Sig.（2-tailed）		.847	.004	.489	.849	.014	.120	.120	.770
	样本数	123	123	123	123	123	123	123	123	123
性别	皮尔逊相关系数	-.018	1	.299 (**)	.195 (*)	-.143	.303 (**)	.040	.165	-.172
	Sig.（2-tailed）	.847		.001	.031	.114	.001	.657	.068	.057
	样本数	123	123	123	123	123	123	123	123	123
年龄	皮尔逊相关系数	.261 (**)	.299 (**)	1	.607 (**)	-.223 (*)	.947 (**)	.756 (**)	-.105	-.114
	Sig.（2-tailed）	.004	.001		.000	.013	.000	.000	.248	.209
	样本数	123	123	123	123	123	123	123	123	123
婚姻状况	皮尔逊相关系数	.063	.195 (*)	.607 (**)	1	-.081	.642 (**)	.621 (**)	-.018	-.097
	Sig.（2-tailed）	.489	.031	.000		.376	.000	.000	.843	.286
	样本数	123	123	123	123	123	123	123	123	123
教育程度	皮尔逊相关系数	.017	-.143	-.223 (*)	-.081	1	-.258 (**)	-.286 (**)	-.286 (**)	.143
	Sig.（2-tailed）	.849	.114	.013	.376		.004	.001	.001	.116
	样本数	123	123	123	123	123	123	123	123	123
工作年限	皮尔逊相关系数	.220 (*)	.303 (**)	.947 (**)	.642 (**)	-.258 (**)	1	.776 (**)	.015	-.143
	Sig.（2-tailed）	.014	.001	.000	.000	.004		.000	.867	.114

续表

		F2	性别	年龄	婚姻状况	受教育程度	工作年限	职称	途径	户籍
	样本数	123	123	123	123	123	123	123	123	123
职称	皮尔逊相关系数	.141	.040	.756 (**)	.621 (**)	-.286 (**)	.776 (**)	1	-.039	-.091
	Sig.（2-tailed）	.120	.657	.000	.000	.001	.000		.670	.318
	样本数	123	123	123	123	123	123	123	123	123
途径	皮尔逊相关系数	.141	.165	-.105	-.018	-.286 (**)	.015	-.039	1	-.197 (*)
	Sig.（2-tailed）	.120	.068	.248	.843	.001	.867	.670		.029
	样本数	123	123	123	123	123	123	123	123	123
户籍	皮尔逊相关系数	.027	-.172	-.114	-.097	.143	-.143	-.091	-.197 (*)	1
	Sig.（2-tailed）	.770	.057	.209	.286	.116	.114	.318	.029	
	样本数	123	123	123	123	123	123	123	123	123

** Correlation is significant at the 0.01 level（2-tailed）.

* Correlation is significant at the 0.05 level（2-tailed）.

表 3-21 企业声望与政治色彩与个人背景信息的相关分析表

		F3	性别	年龄	婚姻状况	受教育程度	工作年限	职称	途径	户籍
F3	皮尔逊相关系数	1	-.157	.320 (**)	.118	.194 (*)	.278 (**)	.199 (*)	.003	.142
	Sig.（2-tailed）		.083	.000	.193	.032	.002	.028	.976	.116
	样本数	123	123	123	123	123	123	123	123	123
性别	皮尔逊相关系数	-.157	1	.299 (**)	.195 (*)	-.143	.303 (**)	.040	.165	-.172
	Sig.（2-tailed）	.083		.001	.031	.114	.001	.657	.068	.057

		F3	性别	年龄	婚姻状况	受教育程度	工作年限	职称	途径	户籍
	样本数	123	123	123	123	123	123	123	123	123
年龄	皮尔逊相关系数	.320 (**)	.299 (**)	1	.607 (**)	-.223 (*)	.947 (**)	.756 (**)	-.105	-.114
	Sig.（2-tailed）	.000	.001		.000	.013	.000	.000	.248	.209
	样本数	123	123	123	123	123	123	123	123	123
婚姻状况	皮尔逊相关系数	.118	.195 (*)	.607 (**)	1	-.081	.642 (**)	.621 (**)	-.018	-.097
	Sig.（2-tailed）	.193	.031	.000		.376	.000	.000	.843	.286
	样本数	123	123	123	123	123	123	123	123	123
教育程度	皮尔逊相关系数	.194 (*)	-.143	-.223 (*)	-.081	1	-.258 (**)	-.286 (**)	-.286 (**)	.143
	Sig.（2-tailed）	.032	.114	.013	.376		.004	.001	.001	.116
	样本数	123	123	123	123	123	123	123	123	123
工作年限	皮尔逊相关系数	.278 (**)	.303 (**)	.947 (**)	.642 (**)	-.258 (**)	1	.776 (**)	.015	-.143
	Sig.（2-tailed）	.002	.001	.000	.000	.004		.000	.867	.114
	样本数	123	123	123	123	123	123	123	123	123
职称	皮尔逊相关系数	.199 (*)	.040	.756 (**)	.621 (**)	-.286 (**)	.776 (**)	1	-.039	-.091
	Sig.（2-tailed）	.028	.657	.000	.000	.001	.000		.670	.318
	样本数	123	123	123	123	123	123	123	123	123
途径	皮尔逊相关系数	.003	.165	-.105	-.018	-.286 (**)	.015	-.039	1	-.197 (*)
	Sig.（2-tailed）	.976	.068	.248	.843	.001	.867	.670		.029

续表

		F3	性别	年龄	婚姻状况	受教育程度	工作年限	职称	途径	户籍
	样本数	123	123	123	123	123	123	123	123	123
户籍	皮尔逊相关系数	.142	-.172	-.114	-.097	.143	-.143	-.091	-.197（*）	1
	Sig.（2-tailed）	.116	.057	.209	.286	.116	.114	.318	.029	
	样本数	123	123	123	123	123	123	123	123	123

** Correlation is significant at the 0.01 level（2-tailed）.

* Correlation is significant at the 0.05 level（2-tailed）.

表 3-22　职业发展与个人背景信息的相关分析表

		F4	性别	年龄	婚姻状况	受教育程度	工作年限	职称	途径	户籍
F4	皮尔逊相关系数	1	-.127	-.222（*）	-.044	.137	-.284（**）	-.318（**）	-.110	.029
	Sig.（2-tailed）		.161	.013	.626	.132	.001	.000	.224	.749
	样本数	123	123	123	123	123	123	123	123	123
性别	皮尔逊相关系数	-.127	1	.299（**）	.195（*）	-.143	.303（**）	.040	.165	-.172
	Sig.（2-tailed）	.161		.001	.031	.114	.001	.657	.068	.057
	样本数	123	123	123	123	123	123	123	123	123
年龄	皮尔逊相关系数	-.222（*）	.299（**）	1	.607（**）	-.223（*）	.947（**）	.756（**）	-.105	-.114
	Sig.（2-tailed）	.013	.001		.000	.013	.000	.000	.248	.209
	样本数	123	123	123	123	123	123	123	123	123
婚姻状况	皮尔逊相关系数	-.044	.195（*）	.607（**）	1	-.081	.642（**）	.621（**）	-.018	-.097
	Sig.（2-tailed）	.626	.031	.000		.376	.000	.000	.843	.286

		F4	性别	年龄	婚姻状况	受教育程度	工作年限	职称	途径	户籍
	样本数	123	123	123	123	123	123	123	123	123
教育程度	皮尔逊相关系数	.137	-.143	-.223 (*)	-.081	1	-.258 (**)	-.286 (**)	-.286 (**)	.143
	Sig. (2-tailed)	.132	.114	.013	.376		.004	.001	.001	.116
	样本数	123	123	123	123	123	123	123	123	123
工作年限	皮尔逊相关系数	-.284 (**)	.303 (**)	.947 (**)	.642 (**)	-.258 (**)	1	.776 (**)	.015	-.143
	Sig. (2-tailed)	.001	.001	.000	.000	.004		.000	.867	.114
	样本数	123	123	123	123	123	123	123	123	123
职称	皮尔逊相关系数	-.318 (**)	.040	.756 (**)	.621 (**)	-.286 (**)	.776 (**)	1	-.039	-.091
	Sig. (2-tailed)	.000	.657	.000	.000	.001	.000		.670	.318
	样本数	123	123	123	123	123	123	123	123	123
途径	皮尔逊相关系数	-.110	.165	-.105	-.018	-.286 (**)	.015	-.039	1	-.197 (*)
	Sig. (2-tailed)	.224	.068	.248	.843	.001	.867	.670		.029
	样本数	123	123	123	123	123	123	123	123	123
户籍	皮尔逊相关系数	.029	-.172	-.114	-.097	.143	-.143	-.091	-.197 (*)	1
	Sig. (2-tailed)	.749	.057	.209	.286	.116	.114	.318	.029	
	样本数	123	123	123	123	123	123	123	123	123

* 　Correlation is significant at the 0.05 level (2-tailed).

** 　Correlation is significant at the 0.01 level (2-tailed).

表3-23 工作回报与个人背景信息的相关分析表

		F5	性别	年龄	婚姻状况	受教育程度	工作年限	职称	途径	户籍
F5	皮尔逊相关系数	1	-.104	.104	.234 (**)	.213 (*)	.056	.088	.104	.125
	Sig.（2-tailed）		.253	.253	.009	.018	.539	.334	.254	.168
	样本数	123	123	123	123	123	123	123	123	123
性别	皮尔逊相关系数	-.104	1	.299 (**)	.195 (*)	-.143	.303 (**)	.040	.165	-.172
	Sig.（2-tailed）	.253		.001	.031	.114	.001	.657	.068	.057
	样本数	123	123	123	123	123	123	123	123	123
年龄	皮尔逊相关系数	.104	.299 (**)	1	.607 (**)	-.223 (*)	.947 (**)	.756 (**)	-.105	-.114
	Sig.（2-tailed）	.253	.001		.000	.013	.000	.000	.248	.209
	样本数	123	123	123	123	123	123	123	123	123
婚姻状况	皮尔逊相关系数	.234 (**)	.195 (*)	.607 (**)	1	-.081	.642 (**)	.621 (**)	-.018	-.097
	Sig.（2-tailed）	.009	.031	.000		.376	.000	.000	.843	.286
	样本数	123	123	123	123	123	123	123	123	123
教育程度	皮尔逊相关系数	.213 (*)	-.143	-.223 (*)	-.081	1	-.258 (**)	-.286 (**)	-.286 (**)	.143
	Sig.（2-tailed）	.018	.114	.013	.376		.004	.001	.001	.116
	样本数	123	123	123	123	123	123	123	123	123
工作年限	皮尔逊相关系数	.056	.303 (**)	.947 (**)	.642 (**)	-.258 (**)	1	.776 (**)	.015	-.143
	Sig.（2-tailed）	.539	.001	.000	.000	.004		.000	.867	.114
	样本数	123	123	123	123	123	123	123	123	123
职称	皮尔逊相关系数	.088	.040	.756 (**)	.621 (**)	-.286 (**)	.776 (**)	1	-.039	-.091

		F5	性别	年龄	婚姻状况	受教育程度	工作年限	职称	途径	户籍
	Sig.（2-tailed)	.334	.657	.000	.000	.001	.000		.670	.318
	样本数	123	123	123	123	123	123	123	123	123
途径	皮尔逊相关系数	.104	.165	-.105	-.018	-.286（**）	.015	-.039	1	-.197（*）
	Sig.（2-tailed)	.254	.068	.248	.843	.001	.867	.670		.029
	样本数	123	123	123	123	123	123	123	123	123
户籍	皮尔逊相关系数	.125	-.172	-.114	-.097	.143	-.143	-.091	-.197（*）	1
	Sig.（2-tailed)	.168	.057	.209	.286	.116	.114	.318	.029	
	样本数	123	123	123	123	123	123	123	123	123

** Correlation is significant at the 0.01 level (2-tailed).

* Correlation is significant at the 0.05 level (2-tailed).

表3-24　福利保障与个人背景的相关分析表

		F6	性别	年龄	婚姻状况	受教育程度	工作年限	职称	途径	户籍
F6	皮尔逊相关系数	1	-.226（*）	-.279（**）	-.324（**）	.069	-.356（**）	-.354（**）	-.196（*）	.438（**）
	Sig.（2-tailed)		.012	.002	.000	.450	.000	.000	.030	.000
	样本数	123	123	123	123	123	123	123	123	123
性别	皮尔逊相关系数	-.226（*）	1	.299（**）	.195（*）	-.143	.303（**）	.040	.165	-.172
	Sig.（2-tailed)	.012		.001	.031	.114	.001	.657	.068	.057
	样本数	123	123	123	123	123	123	123	123	123
年龄	皮尔逊相关系数	-.279（**）	.299（**）	1	.607（**）	-.223（*）	.947（**）	.756（**）	-.105	-.114
	Sig.（2-tailed)	.002	.001		.000	.013	.000	.000	.248	.209

		F6	性别	年龄	婚姻状况	受教育程度	工作年限	职称	途径	户籍
	样本数	123	123	123	123	123	123	123	123	123
婚姻状况	皮尔逊相关系数	-.324 (**)	.195 (*)	.607 (**)	1	-.081	.642 (**)	.621 (**)	-.018	-.097
	Sig.（2-tailed）	.000	.031	.000		.376	.000	.000	.843	.286
	样本数	123	123	123	123	123	123	123	123	123
教育程度	皮尔逊相关系数	.069	-.143	-.223 (*)	-.081	1	-.258 (**)	-.286 (**)	-.286 (**)	.143
	Sig.（2-tailed）	.450	.114	.013	.376		.004	.001	.001	.116
	样本数	123	123	123	123	123	123	123	123	123
工作年限	皮尔逊相关系数	-.356 (**)	.303 (**)	.947 (**)	.642 (**)	-.258 (**)	1	.776 (**)	.015	-.143
	Sig.（2-tailed）	.000	.001	.000	.000	.004		.000	.867	.114
	样本数	123	123	123	123	123	123	123	123	123
职称	皮尔逊相关系数	-.354 (**)	.040	.756 (**)	.621 (**)	-.286 (**)	.776 (**)	1	-.039	-.091
	Sig.（2-tailed）	.000	.657	.000	.000	.001	.000		.670	.318
	样本数	123	123	123	123	123	123	123	123	123
途径	皮尔逊相关系数	-.196 (*)	.165	-.105	-.018	-.286 (**)	.015	-.039	1	-.197 (*)
	Sig.（2-tailed）	.030	.068	.248	.843	.001	.867	.670		.029
	样本数	123	123	123	123	123	123	123	123	123
户籍	皮尔逊相关系数	.438 (**)	-.172	-.114	-.097	.143	-.143	-.091	-.197 (*)	1
	Sig.（2-tailed）	.000	.057	.209	.286	.116	.114	.318	.029	
	样本数	123	123	123	123	123	123	123	123	123

*   Correlation is significant at the 0.05 level (2-tailed).

**   Correlation is significant at the 0.01 level (2-tailed).

（二）引力因子与个人因素相关分析的研究结论

第一，工作环境因子与专业技术人员的年龄、工作年限、婚姻状况、职称因素存在相关关系，且相关关系依次减弱。

第二，组织特性因子与被调查者的年龄和工作年限因素呈现线形相关关系。

第三，企业声望与政治色彩因子与年龄、工作年限、职称、受教育程度因素存在相关关系。

第四，职业发展因子与职称、工作年限和年龄因素呈现负相关关系。这说明专业技术人员随着年龄和工作年限的增长，其个人已具备相应的专业技术职务任职资格（职称），职业发展均已经达到一定的高度，因此职业发展因素的影响已减弱，呈现负相关关系。

第五，工作回报因子与专业技术人员的婚姻状况、受教育程度因素呈现正相关关系。

第六，福利保障因子与专业技术人员的性别、年龄、婚姻状况、工作年限、职称和分配途径均呈现负相关关系。这说明专业技术人员随着年龄和工作年限等因素的增长，其个人经过了年轻时代的发展，收入保障已达到一定水平，因此福利保障因素的影响减弱，呈现负相关关系。

福利保障因子与户籍因素呈现正相关关系。原因是北京户籍一直影响专业技术人员在北京的日常生活，因此该因素对福利保障呈现正相关关系。

综上，六个因子中只有"职业发展"因子与"福利保障"因子与个人某些因素呈现负相关关系，其他四个因子均与个人有关因素呈现正相关关系。

第七，验证了研究假设3，即个人因素与引力效应因子之间存在相关性。

（三）户籍因素与中央企业引力效应的相关分析

当我们将第25题与个人背景信息中的"户籍"因素做相关分析时，输出结果如表3-25所示。通过表3-25输出结果可以明显看出，两者相关系数达到显著性水平，相关系数是0.643，显著性水平是0.01。

表3-25 相关分析

Y25		Y25	户籍
	皮尔逊相关系数	1	0.643（**）

Y25		Y25	户籍
	Sig.（2-tailed）		0.000
样本数	123	123	
户籍	皮尔逊相关系数	0.643（**）	1
	Sig.（2-tailed）	0.000	
	样本数	123	123

** Correlation is significant at the 0.01 level（2-tailed）.

五、交叉分组频数分析

提到北京地区，北京户籍是其中一个重要问题。在访谈中，多数专业技术人员都谈到他们对北京户籍的关注程度。因此，本节选定量表第25题"与其他中央企业相比，在京中央企业的人才落户政策相对宽松，可以解决北京户口"为研究对象，分别抽取个人背景信息中的性别、所在企业层级、年龄、婚姻状况、受教育程度以及户籍因素做交叉分组频数分析，结合对部分专业技术人员和在中央企业组织人事部门工作的人员的访谈来考察解释这些因素对选项的影响和原因。交叉列联表中纵向1~5分别代表量表中"非常不符合""不太符合""一般""比较符合"和"非常符合"的五点。

（一）性别对选项的影响

我们将性别和第25题进行交叉列联分析，产生的交叉列联表如表3-26所示。

男性被调查者共计66人，对"与其他中央企业相比，在京中央企业的人才落户政策相对宽松，可以解决北京户口"的看法是：有0人认为"非常不符合"；有3人认为"不太符合"，占男性总人数的4.5%，占"不太符合"态度总人数的100%；有6人认为"一般"，占男性总人数的9.1%，占"一般"态度总人数的50%；有26人认为"比较符合"，占男性总人数的39.4%，占选择"比较符合"态度总人数的44.1%；有31人认为"非常符合"，占男性总人数的47%，占"非常符合"态度总人数的73.8%。

女性被调查者57人，除"不太符合"态度没有人选择外，其他态度均有选择，在"比较符合"态度中，女性选择人数占态度总人数的55.9%。

对二者进行卡方检验的结果如表3-27所示。输出结果显示，卡方的概率 P 值小于显著性水平0.01，拒绝零假设，可以认为不同性别对回答该问题产生了显著影响。

表3-26　性别与可以解决北京户口交叉列联表

			性别		合计
			男	女	
Y25	1	计数	0	7	7
		% within Y25	0%	100.0%	100.0%
		% within 性别	0%	12.3%	5.7%
		% of 合计	0%	5.7%	5.7%
	2	计数	3	0	3
		% within Y25	100.0%	0%	100.0%
		% within 性别	4.5%	0%	2.4%
		% of 合计	2.4%	0%	2.4%
	3	计数	6	6	12
		% within Y25	50.0%	50.0%	100.0%
		% within 性别	9.1%	10.5%	9.8%
		% of 合计	4.9%	4.9%	9.8%
	4	计数	26	33	59
		% within Y25	44.1%	55.9%	100.0%
		% within 性别	39.4%	57.9%	48.0%
		% of 合计	21.1%	26.8%	47.9%
	5	计数	31	11	42
		% within Y25	73.8%	26.2%	100.0%
		% within 性别	47.0%	19.3%	34.1%
		% of 合计	25.2%	8.9%	34.1%
合计		计数	66	57	123
		% within Y25	53.7%	46.3%	100.0%
		% within 性别	100.0%	100.0%	100.0%

续表

	性别		合计
	男	女	
% of 合计	53.7%	46.3%	100.0%

表 3-27 交叉分组频数分析卡方检验结果表

	值	自由度	双尾渐近显著性检验
卡方值	19.802（a）	4	0.001
似然比	23.957	4	0.000
线性和线性组合	9.357	1	0.002
有效样本数	123		

a 4 cells (40.0%) have expected count less than 5. The minimum expected count is 1.39.

(二) 企业层级对选项的影响

令 a 代表中央管理企业集团本部，令 b 代表中央管理企业集团所属单位，来进行交叉列联表分析。输出结果如表 3-28 所示。

表中数据显示，属于"中央管理企业集团本部"的被调查者 52 人，"中央管理企业集团所属单位"的被调查者 71 人。从表中数据可以看出，认为"比较符合"和"非常符合"的人占绝大多数，分别占 48% 和 34.1%，两者合计比例高达 82.1%。属于中央管理企业集团本部的被调查者选择"比较符合"的有 28 人，占选择"比较符合"态度总人数的 47.5%；选择"非常符合"的人有 16 人，占选择"非常符合"态度总人数的 38.1%。中央管理集团所属单位的被调查者选择"比较符合"和"非常符合"的人有 57 人，分别占选择"比较符合"态度总人数和"非常符合"态度总人数的 52.5%、61.9%。

表 3-28 企业层级与可以解决北京户口交叉列联表

			企业层级		合计
			a	b	
Y25	1	计数	4	3	7

续表

			企业层级		合计
			a	b	
		% within Y25	57.1%	42.9%	100.0%
		% within 企业层级	7.7%	4.2%	5.7%
		% of 合计	3.3%	2.4%	5.7%
	2	计数	2	1	3
		% within Y25	66.7%	33.3%	100.0%
		% within 企业层级	3.8%	1.4%	2.4%
		% of 合计	1.6%	0.8%	2.4%
	3	计数	2	10	12
		% within Y25	16.7%	83.3%	100.0%
		% within 企业层级	3.8%	14.1%	9.8%
		% of 合计	1.6%	8.1%	9.7%
	4	计数	28	31	59
		% within Y25	47.5%	52.5%	100.0%
		% within 企业层级	53.8%	43.7%	48.0%
		% of 合计	22.8%	25.2%	48.0%
	5	计数	16	26	42
		% within Y25	38.1%	61.9%	100.0%
		% within 企业层级	30.8%	36.6%	34.1%
		% of 合计	13.0%	21.1%	34.1%
合计		计数	52	71	123
		% within Y25	42.3%	57.7%	100.0%
		% within 企业层级	100.0%	100.0%	100.0%
		% of 合计	42.3%	57.7%	100.0%

　　因为卡方的概率 P 值大于 0.01 的显著性水平，不能拒绝零假设（如表 3-29 所示），所以可以说明处于不同企业层级的因素对回答该问题没有产生显著

性影响。

表 3-29　交叉分组频数分析卡方检验结果表

	值	自由度	双尾渐近显著性检验
卡方值	5.540 (a)	4	0.236
似然比	5.915	4	0.206
线性和线性组合	0.337	1	0.562
有效样本数	123		

a　4 cells (40.0%) have expected count less than 5. The minimum expected count is 1.27.

（三）年龄对选项的影响

我们分别用 a、b、c、d、e、f 和 g 来依次代表 25 岁及以下、26~30 岁、31~35 岁、36~40 岁、41~45 岁、46~50 岁和 51 岁以上年龄段类型。然后与第 25 题进行交叉列联表分析。输出结果如表 3-30 所示。

表 3-30　年龄与可以解决北京户口交叉列联表

			年龄							合计
			a	b	c	d	e	f	g	
Y25	1	计数	0	1	6	0	0	0	0	7
		% within Y25	0%	14.3%	85.7%	0%	0%	0%	0%	100.0%
		% within 年龄	0%	2.3%	30.0%	0%	0%	0%	0%	5.7%
		% of 合计	0%	0.8%	4.9%	0%	0%	0%	0%	5.7%
	2	计数	1	0	0	2	0	0	0	3
		% within Y25	33.3%	0%	0%	66.7%	0%	0%	0%	100.0%
		% within 年龄	16.7%	0%	0%	8.7%	0%	0%	0%	2.4%
		% of 合计	0.8%	0%	0%	1.6%	0%	0%	0%	2.4%
	3	计数	0	3	6	0	0	0	3	12
		% within Y25	0%	25.0%	50.0%	0%	0%	0%	25.0%	100.0%

续表

			年龄							合计
			a	b	c	d	e	f	g	
		% within 年龄	0%	7.0%	30.0%	0%	0%	0%	100.0%	9.8%
		% of 合计	0%	2.4%	4.9%	0%	0%	0%	2.4%	9.8%
	4	计数	4	13	1	14	2	25	0	59
		% within Y25	6.8%	22.0%	1.7%	23.7%	3.4%	42.4%	0%	100.0%
		% within 年龄	66.7%	30.2%	5.0%	60.9%	66.7%	100.0%	0%	48.0%
		% of 合计	3.3%	10.6%	0.8%	11.4%	1.6%	20.3%	0%	48.0%
	5	计数	1	26	7	7	1	0	0	42
		% within Y25	2.4%	61.8%	16.7%	16.7%	2.4%	0%	0%	100.0%
		% within 年龄	16.7%	60.5%	35.0%	30.4%	33.3%	0%	0%	34.1%
		% of 合计	0.8%	21.1%	5.7%	5.7%	0.8%	0%	0%	34.1%
合计		计数	6	43	20	23	3	25	3	123
		% within Y25	4.9%	35.0%	16.3%	18.7%	2.4%	20.3%	2.4%	100.0%
		% within 年龄	100.0	100.0	100.0	100.0	100.0	100.0	100.0	100.0
		% of 合计	4.9%	35.0%	16.3%	18.7%	2.4%	20.3%	2.4%	100.0%

通过表 3-30 所示可以清楚地看出，被调查者中持有"比较符合"和"非常符合"态度的人明显要多于持有"非常不符合""不太符合"和"一般"态度的人。其中，处于 26~30 岁的被调查者有 13 人选择了"比较符合"，占该年龄段被调查者的 30.2%，占选择"比较符合"态度总人数的 22%。有 26 人选择了"非常符合"，占该年龄段被调查者的 60.5%，占选择"非常符合"态度总人数的 61.9%。

根据卡方检验的结果（如表 3-31 所示），可以认为年龄对被调查者回答该项问题并没有产生显著性影响。但是，根据表 3-30 和上述分析也可看出，26~30 岁的被调查者对中央企业解决北京户籍的态度是比较积极的，通过对部分专业技术人员的访谈发现，原因是在于这个年龄段的专业技术人员面临结婚生育，均希望自己的孩子能够直接随同自己落北京户籍，可以享受到相关的优待政策。

表 3-31　交叉分组频数分析卡方检验结果表

	值	自由度	双尾渐近显著性检验
卡方值	121.786（a）	24	0.000
似然比	110.312	24	0.000
线性和线性组合	1.926	1	0.165
有效样本数	123		

a　27 cells（77.1%）have expected count less than 5. The minimum expected count is .07.

（四）婚姻状况对选项的影响

将婚姻状况与第25题各纬度来进行交叉列联表分析。输出结果如表 3-32 所示。

从数据输出结果可以很明显地看出，已婚被调查者比未婚被调查者在对待中央企业在解决北京户籍中享有相对宽松的政策环境选择中更加积极。已婚被调查者中累计有71人持有"比较符合"和"非常符合"的态度。根据卡方检验输出结果（如表 3-33 所示），卡方的概率 P 值小于 0.01 的显著性水平，拒绝零假设，所以可以肯定地认为，婚姻状况对于该题的选择产生了显著性影响。

表 3-32　婚姻状况与可以解决北京户口交叉列联表

			婚姻状况		合计
			未婚	已婚	
Y25	1	计数	1	6	7
		% within Y25	14.3%	85.7%	100.0%
		% within 婚姻状况	3.0%	6.7%	5.7%
		% of 合计	0.8%	4.9%	5.7%
	2	计数	1	2	3
		% within Y25	33.3%	66.7%	100.0%
		% within 婚姻状况	3.0%	2.2%	2.4%

续表

			婚姻状况		合计
			未婚	已婚	
		% of 合计	0.8%	1.6%	2.4%
	3	计数	1	11	12
		% within Y25	8.3%	91.7%	100.0%
		% within 婚姻状况	3.0%	12.2%	9.8%
		% of 合计	0.8%	8.9%	9.7%
	4	计数	9	50	59
		% within Y25	15.3%	84.7%	100.0%
		% within 婚姻状况	27.3%	55.6%	48.0%
		% of 合计	7.3%	40.7%	48.0%
	5	计数	21	21	42
		% within Y25	50.0%	50.0%	100.0%
		% within 婚姻状况	63.6%	23.3%	34.1%
		% of 合计	17.1%	17.1%	34.2%
合计		计数	33	90	123
		% within Y25	26.8%	73.2%	100.0%
		% within 婚姻状况	100.0%	100.0%	100.0%
		% of 合计	26.8%	73.2%	100.0%

表 3-33 交叉分组频数分析卡方检验结果表

	值	自由度	双尾渐近显著性检验
卡方值	18.230（a）	4	0.001
似然比	17.996	4	0.001
线性和线性组合	7.897	1	0.005

	值	自由度	双尾渐近显著性检验
有效样本数	123		

a 4 cells (40.0%) have expected count less than 5. The minimum expected count is .80.

(五) 受教育程度对选项的影响

交叉列联表分析输出结果如表3-34所示。

表3-34 受教育程度与可以解决北京户口交叉列联表

			受教育程度				合计
			专科及以下	本科（双学士）	硕士	博士	
Y25	1	计数	0	6	1	0	7
		% within Y25	0%	85.7%	14.3%	0%	100.0%
		% within 教育程度	0%	6.4%	4.2%	0%	5.7%
		% of 合计	0%	4.9%	0.8%	0%	5.7%
	2	计数	1	2	0	0	3
		% within Y25	33.3%	66.7%	0%	0%	100.0%
		% within 教育程度	25.0%	2.1%	0%	0%	2.4%
		% of 合计	0.8%	1.6%	0%	0%	2.4%
	3	计数	3	6	2	1	12
		% within Y25	25.0%	50.0%	16.7%	8.3%	100.0%
		% within 教育程度	75.0%	6.4%	8.3%	100.0%	9.8%
		% of 合计	2.4%	4.9%	1.6%	0.8%	9.7%
	4	计数	0	47	12	0	59
		% within Y25	0%	79.7%	20.3%	0%	100.0%
		% within 教育程度	0%	50.0%	50.0%	0%	48.0%

续表

			受教育程度				合计
			专科及以下	本科（双学士）	硕士	博士	
		% of 合计	0%	38.2%	9.8%	0%	48.0%
	5	计数	0	33	9	0	42
		% within Y25	0%	78.6%	21.4%	0%	100.0%
		% within 教育程度	0%	35.1%	37.5%	0%	34.1%
		% of 合计	0%	26.8%	7.3%	0%	34.1%
合计		计数	4	94	24	1	123
		% within Y25	3.3%	76.4%	19.5%	0.8%	100.0%
		% within 教育程度	100.0%	100.0%	100.0%	100.0%	100.0%
		% of 合计	3.3%	76.4%	19.5%	0.8%	100.0%

由于被调查者中本科受教育程度占主体，输出结果中主要关注本科教育程度被调查者的选择。本科被调查者共计94人，对"与其他中央企业相比，在京中央企业的人才落户政策相对宽松，可以解决北京户口"的看法是：有6人认为"非常不符合"；有2人认为"不太符合"；有6人选择"一般"；有47人认为"比较符合"，占本科总人数的50%，占"比较符合"态度总人数的79.7%；有33人认为"非常符合"，占本科总人数的35.1%，占"非常符合"态度总人数的78.6%。硕士和博士的输出结果也可以明显地看出持有"比较符合"和"非常符合"的态度的被调查者占大多数。

根据表3-35所示卡方检验结果，受教育程度对该题的选择没有产生显著性影响。但是，本科及以上学历的专业技术人员更加持有乐观积极的态度，这与解决专业技术人员及其配偶北京户籍均需要具备一定的学历要求有关。

表3-35 交叉分组频数分析卡方检验结果表

	值	自由度	双尾渐近显著性检验
卡方值	40.714（a）	12	0.000

	值	自由度	双尾渐近显著性检验
似然比	24.445	12	0.018
线性和线性组合	1.409	1	0.235
有效样本数	123		

a　14 cells (70.0%) have expected count less than 5. The minimum expected count is .02.

（六）户籍对选项的影响

将被调查者户籍因素与第25题进行交叉列联分析，输出结果如表3-36所示。分别用a、b、c代表一直是北京户籍、因在中央企业工作而解决北京户籍、非北京户籍但有希望解决。根据输出结果可以看出，没有人属于非北京户籍且没有希望解决的情况。

输出结果显示，因在中央企业工作而解决北京户籍的人有76人，其中，有47人选择了"比较符合"，占"比较符合"态度总人数的79.7%；有27人选择了"非常符合"，占"非常符合"态度总人数的64.3%。非北京户籍但有希望解决有23人，其中，有9人选择了"比较符合"，占"比较符合"态度总人数的15.3%；有14人选择了"非常符合"，占"非常符合"态度总人数的33.3%。表3-37卡方检验的结果是小于显著性水平0.01，因而对回答该问题产生了显著的影响。

表3-36　户籍与可以解决北京户口交叉列联表

			户籍			合计
			a	b	c	
Y25	1	计数	7	0	0	7
		% within Y25	100.0%	0%	0%	100.0%
		% within 户籍	29.2%	0%	0%	5.7%
		% of 合计	5.7%	0%	0%	5.7%
	2	计数	3	0	0	3
		% within Y25	100.0%	0%	0%	100.0%

续表

			户籍			合计
			a	b	c	
		% within 户籍	12.5%	0%	0%	2.4%
		% of 合计	2.4%	0%	0%	2.4%
	3	计数	10	2	0	12
		% within Y25	83.3%	16.7%	0%	100.0%
		% within 户籍	41.7%	2.6%	0%	9.8%
		% of 合计	8.1%	1.6%	0%	9.7%
	4	计数	3	47	9	59
		% within Y25	5.1%	79.7%	15.2%	100.0%
		% within 户籍	12.5%	61.8%	39.1%	48.0%
		% of 合计	2.4%	38.2%	7.3%	47.9%
	5	计数	1	27	14	42
		% within Y25	2.4%	64.3%	33.3%	100.0%
		% within 户籍	4.2%	35.5%	60.9%	34.1%
		% of 合计	0.8%	22.0%	11.4%	34.2%
合计		计数	24	76	23	123
		% within Y25	19.5%	61.8%	18.7%	100.0%
		% within 户籍	100.0%	100.0%	100.0%	100.0%
		% of 合计	19.5%	61.8%	18.7%	100.0%

表 3-37　交叉分组频数分析卡方检验结果表

	值	自由度	双尾渐近显著性检验
卡方值	93.386（a）	8	0.000
似然比	82.744	8	0.000

	值	自由度	双尾渐近显著性检验
线性和线性组合	50.392	1	0.000
有效样本数	123		

a 8 cells (53.3%) have expected count less than 5. The minimum expected count is .56.

（七）交叉分组频数分析的研究结论

第一，性别因素、婚姻状况因素以及户籍情况因素对选择该题项产生了显著性影响。所在企业层级、年龄、受教育程度因素对选择没有产生显著性影响。

第二，性别因素对选择该题产生显著性影响的原因分析。在选择该题项中，男性被调查者中持有"比较符合"态度以上的比例要明显多于女性被调查者。在对选取的部分专业技术人员访谈中，女性被调查者普遍表示男性专业技术人员比她们更容易解决，但究其深层次原因主要还是在于固有的偏见和观念。在现实中，由于存在着女性本身能力有限的认识或者是出于男性固有的偏见，使得在现实生活和工作中女性的平等地位低于男性，进而造成差异。

第三，婚姻状况对选择该题产生显著性影响的原因分析。在对部分专业技术人员访谈中，他们明确表示虽然自己和子女已经是北京户籍，但自己的配偶有的是京外户籍，部分还存在两地分居的情况，很希望能够为自己的配偶解决北京户籍，这种愿望很迫切。而对部分在中央企业组织人事部门从事干部调配工作的人员访谈中也了解到很多企业每年都为大批符合解决干部夫妻两地分居的专业技术人员申报解决了配偶户籍，极大地稳定了干部职工队伍，鼓舞了专业技术人员的干劲，部分还在自己的岗位上做出了重大贡献。

第四，户籍情况因素对选择该题产生显著性影响的原因分析。经过对专业技术人员进一步的访谈，发现凡是因在中央企业工作而解决了北京户籍的这部分专业技术人员主体上是高校毕业生群体，他们的亲身体会自然会在选择该题时产生显著性的影响。而尚未解决但有希望解决的专业技术人员，由于符合要求但可能因为受指标限制等原因需要等待，但他们的心理预期很强，也会对选择产生显著影响。

第四章

引力效应成因分析

第一节　历史原因

一、中央企业改革方面

1992 年以前，国有企业被称为"国营企业"或者是"全民所有制企业"。国有企业包含了不同层级的政府机构或各类国有单位投资兴办的企业。其中，由中央政府部门管理的国有企业被称为"中央国有企业"，并基本按照行业不同由政府行政主管部门（部委）管理，这也是中央企业的前身，在日常生产经营和利润分配方面与中央政府有关部门发生联系。在这种企业工作的人员由企业根据政府下达的指标招收录用并可以终生工作。工作人员有行政级别，属于国家干部序列，部分工作人员与政府公务人员享受同等待遇，企业级别也分为局级、副部级单位等。

目前现存的绝大多数中央企业前身都是依照 1988 年国家颁布的《全民所有制工业企业法》登记设立的，随着 1998 年新一届中央政府机构改革工作的不断深入，中央国有企业的很多行政主管部门被撤销合并，"政企脱钩"开始正式实行。为管理脱钩企业，加强和改善党对国有企业改革和发展工作的领导，进一步加强国有重要骨干企业领导班子建设管理，1999 年 12 月 1 日，成立了中共中央企业工作委员会（简称中央企业工委），但相关职能管理权限仍分属中央各部委。如 39 户涉及国家安全和国民经济命脉的国有重要骨干企业的领导班子行政领导职务由国务院任命，其他企业领导班子行政职务由人事部（现为人力资源和社会保障部）发文任命，工资总额计划由劳动和社会保障部（现为人力资源和社会保障部）批复下达，等等，"五龙治水"局面仍没有得到根本改变。

随着国有资产管理新体制的建立，国家设立国有资产监督管理委员会，代表国家履行出资人职责，遵循管资产和管人、管事相结合的原则，出资人正式到位。由于中央企业与中央政府部门之间存在较深的历史渊源，中央企业自身所特有的一些政治上的优势并享受政策上的倾斜。

（一）劳动关系稳定化

劳动合同制度的实施对传统国有企业的"铁饭碗、铁工资、铁交椅"形成了一定程度的冲击，且伴随着改革力度不断扩大。通过访谈和实地调查，在党的十八大前，部分国企签订劳动合同仍然是一种形式，只要职工不辞职，劳动合同到期自动续签。同时，部分企业也存在着"新人新办法、老人老办法"的情况。即凡是通过传统意义上补充人员途径招收的人员自动成为传统意义上的"固定工"，如接收高校毕业生、企业间干部调动等，专业技术人员基本上是通过这种方式进行补充。而通过社会招聘等途径招用的新进职工往往签订的劳动合同是真正意义上的劳动合同，企业根据第一个劳动合同期间职工的表现业绩等来决定到期后是否续聘，表现好的职工往往才能转为"固定工"。

党的十八大以来，中央企业市场化经营机制更加灵活高效，持续推动劳动、人事、分配三项制度改革走实走深，助推企业活力效率持续提升。据来自国务院国资委的数据显示，截至 2021 年年底，中央企业新进员工 99.5%采用公开招聘方式，末等调整和不胜任退出比例达到 4.5%，一定程度上打破了"铁饭碗、铁工资、铁交椅"。但相对私营企业、国有企业，尤其是规模较大的企业，职工权益保障性大，企业比较能够重视人力资源管理，人力资源管理的软、硬件条件都比较好，成为我国目前企业劳动关系稳定的基石。① 因此，对专业技术人员群体来讲，一份稳定的劳动关系、良好的工作软硬环境成为选择中央企业的原因之一。通过前面的因子分析数据已经证明了这一点。

（二）行政级别隐性化

中央企业的管理人员与普通职工有所不同，他们往往被称为"中层干部"。

---

① 张彦宁，陈兰通 . 2007 中国企业劳动关系状况报告［M］. 北京：企业管理出版社，2007：122.

其中有部分"老人"是在政企脱钩前由政府主管部门委派至企业工作的,他们在政府机关所拥有的行政级别自然会无形中带到企业。脱钩后,这些级别依然存在。虽然目前对于中央企业的各级管理人员均尝试实行市场化选聘、能上能下的制度,但只要在管理人员位置上,他们仍然被看作是干部,职位高的人员可能仍然拥有行政级别,或者是有"比照级别"。虽然 2020 年以来,中央企业深入推进"总部机关化"问题专项整改,有效破解了总部行政化突出的问题,但至今在很多中央企业总部,我们仍然可以听到"副处长""处长"等称谓。

行政级别虽然隐性化,但依然存在。中央企业可以提供近似国家公务员的行政级别,并且由于中央企业的性质,不排除可以由企业直接调入政府部门。因此,很多希望自己事业成功的人士均把中央企业作为自己的第一选择,专业技术人员也不例外。

（三）相关政策倾斜化

中央管理的企业除了执行属地政府的相关政策规定外,还受国家相关部委的业务指导。在政策制定上,很多政策向中央管理企业进行了倾斜。以解决干部夫妻两地分居为例。中央管理企业的人员解决夫妻两地分居落北京户籍工作由现为人力资源和社会保障部负责审批,北京地方企业由北京市人力资源和社会保障局负责。人事部、公安部于 1999 年制定下达了《关于进一步做好解决干部夫妻两地分居问题工作的通知》（人发〔1999〕80 号）,对解决干部夫妻两地分居工作进行了相关规定。但是仍有部分人员因客观情况所限,长期两地分居而不能解决。为此,人事部办公厅于 2003 年制定下发《关于调整国务院各部委、各直属机构及中央直接管理企业解决干部夫妻两地分居政策的通知》（人办发〔2003〕55 号）,调整了解决干部夫妻两地分居政策,增加了可以办理分居落户的情形,并特别对中央管理企业增加了相关条款,规定"对企业总职能部门正副职人员、直属单位领导班子成员列入免指标解决两地分居范围。"2019年,人力资源和社会保障部又印发了《从京外调配人员工作管理规定》（人社部发〔2019〕128 号）,进一步规范细化了从京外选调干部进京的资格条件和报送程序,极大解决了专业技术人员的后顾之忧。而依据干部管理权限,上述相关文件不适用于北京市地方企业。北京市地方企业执行的是《关于解决中级专业技术干部夫妻两地分居问题的通知》（京人干字〔1993〕4 号）,解决范围比较窄,审批难度大。因此,在中央企业的专业技术人员享受了相对宽松的人才落户政策，前面的数据分析也支持了这一观点。

（四）社会责任义务化

中央管理企业大多集中在关系国家安全和国民经济命脉的重要行业和关键领域，其生产经营活动涉及整个社会经济活动和人民生活的各方面，在保障国民经济平稳正常运行和社会生活稳定中具有重要作用。限于中央企业自身的性质和定位，中央企业除了做企业经营工作外，还需要承担履行社会责任的义务。为进一步规范中央企业在建设中国特色社会主义事业中更加认真履行好社会责任，实现企业与社会、环境的全面协调可持续发展，国务院国有资产监督管理委员会于 2007 年 12 月制定印发了《关于中央企业履行社会责任的指导意见》（国资发研究〔2008〕1 号）。2022 年 3 月，为更好督促指导中央企业社会责任工作体系建设，国务院国有资产监督管理委员会成立社会责任局。

中央企业积极履行社会责任，把社会责任理念和要求全面融入企业发展战略、企业生产经营和企业文化之中，树立了良好的企业形象。中央企业带头保供稳价，石油石化企业、电力企业在价格严重倒挂的情况下，坚持生产，保障供应，助力中小企业纾困解难，有效降低了社会运行成本，树立了中央企业良好的社会形象；全力以赴做好新冠疫情防控工作，特别是在重大自然灾害面前挺身而出，积极组织抗灾救灾，不畏艰险抢修电网、通信和公路设施，为抢险抗灾和灾后重建做出了突出贡献。在大力支持乡村振兴、助力区域协调发展方面，中央企业切实将履行社会责任转变为自身的一项职责与义务，发挥了"顶梁柱"和"主心骨"作用，进一步提升了中央企业的"美誉度"和"和谐度"，增强了社会公众在态度认可、情感亲和及行为合作方面的程度。在对"选择中央企业是因为在社会上具有较高的知名度"一题的选择中，发现依次有 1 名、1 名、25 名、46 名、50 名专业技术人员选择了"非常不符合""不太符合""一般""比较符合"和"非常符合"。其中，高达 78% 的被调查者选择中央企业是因为中央企业在社会上具有较高的知名度。

二、区域改革发展差异

改革开放 40 多年来，我国加快了从传统社会向现代社会的整体性转型，城市化、工业化步伐加快。但我们应该看到，我国各个地区之间经济发展不平衡，人民消费水平、资源分配和地区财力状况参差不齐。我们以五大城市的 2015—

2022 年的最低工资为例（表 4-1）。

根据表 4-1 可以看出，五大城市之间的最低工资标准均不相同，调整步伐和额度也不相同，特别是受新冠疫情影响，2020 年，五大城市均未调整最低工资标准，说明地区发展之间在经济、劳动力成本等方面存在差异。当然，未来随着我国经济的持续发展，地区差距会逐步缩小。但目前受地区经济的不平衡以及财政收入因素的制约，造成了各个地区目前在制定民生政策时多数还只能限定在具有本地区常住户籍的居民群体。

表 4-1　五大城市最低工资数据表　单位：元

年份	城市				
	北京	天津	上海	重庆	广州
2015	1560	1850	2020	1250/1150	1895
2016	1720	1950	2190	1500/1400	1895
2017	2000	2050	2300	1500/1400	1895
2018	2120	2050	2420	1500/1400	2100
2019	2200	2050	2480	1800/1700	2100
2020	2200	2050	2480	1800/1700	2100
2021	2320	2180	2590	1800/1700	2300
2022	2320	2180	2590	2100/2000	2300

数据来源：根据各城市数据收集整理而成。

以北京市为例。北京作为首都和特大型城市，具有丰富的社会资源，因此，北京户籍在一定程度上算是稀缺资源，近几年来围绕取得北京户籍后即离职的争议案件也是层出不穷。

综上所述，子女的教育以及住房置业等问题是每一个人都十分关注的问题。在这种背景下，专业技术人员自然会选择政府机关或中央管理企业，以求能够解决自己及家人的户籍问题。

第二节　心理原因

经济学家贝克尔（G. S. Becker）认为经济生活中不仅存在理性行为，还存在非理性行为。人的行为不仅受到客观事物本身的影响，而且还受到人们对事物的知觉影响。在与部分被访者的交谈中，他们谈到中央企业对专业技术人员具有引力效应的原因，可以归纳为以下几种：

个案 1：在中央企业工作感觉如同在政府机关工作，和公务员没有什么区别。

个案 2：中央管理企业比其他企业级别高，名声好，和别人说起来很有面子。

个案 3：我的朋友在中央企业工作，工作稳定、收入也不错，所以我也想找机会进中央企业工作。

从心理学角度分析上述几种代表性意见，我们可以将上述三种代表性意见归为类比效应（个案 1）、炫耀效应（个案 2）、模仿效应（个案 3）。类比效应是以对象之间某些属性的相同点为依据，从而断定它们在其他属性上也可能相同的一种心理倾向。炫耀效应实际上是一种爱慕虚荣的心理表现，通过在他人面前的表现而形成一种自我满足。模仿效应就是模仿者效仿类似榜样的人的行为。这个榜样可能是积极道德的，也可能是消极非道德的。

由于受人们在传统观念认识、心理认同等方面因素的综合影响，加之近几年来中央企业改革发展取得的成就以及新时代彰显的责任担当，人们普遍会在知觉印象里增强对中央企业的认同感，进一步提升了中央企业对人才的吸引力。

第五章

研究结论与展望

第一节　研究结论与启示

一、研究结论

本次研究综合采取了定性与定量研究相结合的方式，对在京中央企业对专业技术人员的引力效应展开了探索性研究。首先，本研究借鉴成熟量表并结合企业实际自行编制了问卷，经检验具有较好的信度和效度，满足测量需要。其次，通过调查收集数据，对数据进行实证研究，得到了在京中央企业对专业技术人员具有的引力效应六因子。最后，对引力效应六因子及其与个人相关特征信息进行了相关分析。主要形成的研究结论如下。

第一，中央企业对专业技术人员的引力效应归为六个因子，即工作环境、组织特性、企业声望与政治色彩、职业发展、工作回报、福利保障。专业技术人员看重的依次是组织特性、企业声望与政治色彩、福利保障、工作回报、工作环境和职业发展。

第二，引力效应六因子中"职业发展"与"福利保障"与个人特征相关因素呈现负相关关系，其他四个因子均与个人特征相关因素呈现正相关关系。个人特征相关因素与选择北京户籍呈现显著性，说明专业技术人员会根据个人自身情况而对北京户籍持有不同的态度。

第三，专业技术人员对不同引力效应因子的重视程度反映中央企业对专业技术人员的吸引力还存在强弱之分，值得认真加以研究和分析。具体表现在以下几方面。

首先，福利保障因素依然是中央企业对人才吸引的传统优势。通过实证分析，在引力效应六因子中，福利保障因素排在第三位，依然是中央企业的传统优势。通过对一些专业技术人员的访谈，大家普遍感觉中央企业在福利保障等方面的传统优势依然明显。近几年来，中央企业不断规范员工福利保障制度，结合自身实际加强福利项目和费用管理，加快"社会福利社会化改革"步伐，切实为员工搭建起补充医疗、生育、养老、劳保等福利保障的有效屏障，有效解决了职工们的后顾之忧。

其次，中央企业对人才的职业发展吸引度仍处于相对弱势。实证分析反映中央企业在职业发展方面对人才的吸引力不强，在引力效应六因子中排在最后。从历史角度来看，部分中央企业是从传统老国企转变而来，也有一部分中央企业是由部委机关转制而来。虽然经过改革，已陆续建立起符合现代企业制度的员工职业发展规划体系，但在用人机制方面仍然存在僵化、论资历、熬年头的现象。习近平总书记在中央人才工作会议上强调，要深化人才发展体制机制改革。要积极为人才松绑，完善人才管理制度，做到人才为本、信任人才、尊重人才、善待人才、包容人才。因此，未来中央企业要坚持深化改革、创新机制，系统优化人才发展制度体系、培养体系、承载体系、激励体系和保障体系，持续优化提升职业发展因素对专业技术人才的吸引作用。

最后，要辩证思考组织文化氛围对人才的吸引作用。通过引力效应六因子重要性的分析可以看出，专业技术人员看重的是中央企业的组织特性、企业声望与政治色彩，对工作环境和职业发展因素重视程度相对较弱。组织内聚力的基础是满足员工的需要，人的需要的满足是组织存续的基础①，受制度文化因素和组织传统因素的影响，中央企业长期以来所形成的组织文化氛围或多或少存在着政治色彩成分。对偏好政治色彩的组织文化氛围的专业技术人员来说，中央企业具有很强的吸引力。但同时我们应该看到，与中央企业政治色彩文化氛围不同的外资企业与民营企业相比，中央企业吸引而来的这批专业技术人员一定是适合企业发展、能够提升组织竞争力的紧缺人才吗？答案明显是否定的。因此，要客观看待组织文化氛围对人才的吸引作用并予以辩证分析，要充分发挥组织文化对人才的吸引和引领作用，传达明确的企业价值观和目标，以增强员工对企业组织的认同感、归属感和参与感。

---

① 张德. 人力资源开发与管理：第 2 版 ［M］. 北京：清华大学出版社，2001：326.

通过前面的实证分析，可以肯定地认为中央企业对专业技术人员具有吸引力，这有助于中央企业认识自身在吸引人才方面所具有的优势。但是，任何一件事物都具有两面性，从另一个角度来分析，我们就可以发现引力效应所带来的潜在问题。

在对引力效应构成因子的重要性分析中，引力效应因子的重要程度存在明显差异性，这说明专业技术人员对它们的关注程度是不同的。在六因子中，专业技术人员最关注的是中央企业所具有的组织特性以及企业声望与政治色彩，在因子重要性中排在前两位。专业技术人员之所以最看重这两点，与中央企业自身所具有的特点有密切关系。

在现代市场经济条件下，企业能够获取成功靠的是什么呢？不仅仅是机会，也不仅仅是促销手段等，最根本的是企业本身的核心竞争能力，尤其是企业适应市场环境变化和预测未来的能力。与其他类型企业相比，中央企业能够更多地享受国家的倾斜政策，并且在部分行业中保持垄断地位，这些都是其他类型企业所不具备的。这也使中央企业的发展以及盈利中存在了部分非劳因素，不能完全体现企业的实际创效能力。党的十八大以来，为适应我国经济由高速增长阶段转向高质量发展阶段新的形势要求，中央企业完整、准确、全面贯彻新发展理念，更加突出高质量发展要求，持续深入推进提质增效工作。深入开展对标世界一流企业，一批企业综合实力达到全球同行业领先水平，一批企业品牌影响力和国际化水平明显提升，进入全球品牌价值500强的中央企业从2012年的13家增长到2022年的21家。

近几年来，中央企业持续加强科技创新工作力度，打造了一批高水平创新平台。截至2021年年底，中央企业拥有国内研发机构5327个，其中，国家重点实验室91个、国家技术创新中心4个、国家工程技术研究中心97个，分布在各个重点行业，在实验试验、检测实验等方面自主创新能力明显提高，为实现高水平科技自立自强提供重要支撑。① 同时承担了一批国家重大科技项目，集中力量突破关键核心技术"卡脖子"问题，建成了一批标志性重大工程，这些都为专业技术人员施展才华提供了有力的支持和广阔的空间。因此，从另一个角度来看，这也将进一步强化和巩固中央企业的优势，势必增强对各类专业技术人

---

① 中央企业高质量发展报告（2022）[EB/OL]. 国务院国有资产监督管理委员会，2022–11–17.

才的吸引效应和集聚作用。

二、管理启示

（一）把握的原则

中央企业大多处于关系国家安全和国民经济命脉的重要行业和关键领域，在国民经济和社会发展中具有举足轻重的作用，在维护国家安全、支撑国民经济健康发展方面承担重大责任。进一步强化中央企业对专业技术人员的引力效应、吸引优秀的专业技术人才是中央企业获取持续竞争力的重要基础，也是稳定国民经济全局、促进经济平稳较快发展的根本保证。因此，在制度设计和措施安排上要冷静分析，采取科学合理的有效措施。国资委党委在 2022 年召开的中央企业人才工作会议上强调，要深入学习贯彻习近平总书记关于做好新时代人才工作的重要思想，纵深推进新时代人才强企战略，支撑高水平科技自立自强。这为中央企业做好相关工作明确了方向，坚定了工作信心。

当前，为进一步做好强化中央企业对专业技术人员的引力效应工作，应首先全面理解、辩证认识和准备把握处理好以下两方面的问题。

一是人才储量与企业竞争力的关系问题。随着经济全球化趋势的日益加强，企业不仅要面对国外同行领域的竞争，而且还要面对来自国际市场的日益激烈残酷的竞争。只有努力培育出一批具有核心竞争力的企业，国家的整体经济才具有竞争力，我国国民经济才能得到快速健康发展。中央企业作为"走出去"的排头兵，已融入了一个没有边界的经济体系和全球化的商业环境中，面对竞争，中央企业要取得优势发展壮大，就必须大力开发人才资源，有效管理人才资源是获取竞争优势的重要来源，也将是企业获取最大价值增值和利润回报的秘密所在。长期以来，由于历史原因，中央企业人员整体素质不高，人才结构不合理，缺乏复合型专业技术人才，特别是科学素养深厚的高层次人才。长此以往，必将影响企业技术进步和竞争力的提高。因此，必须构建有利于吸引专业技术人才的有效机制，储备丰富的人才资源，提升人才竞争力，不断推动企业的发展壮大和企业综合竞争力的提高。

二是坚持中央企业党管干部、党管人才的原则问题。中央企业是我国国民经济的支柱，是党执政的重要物质基础。党组织通过对中央企业的人才管理，特别是对中央企业负责人的管理，实现党在中央企业中的影响力和控制力。放弃党管干部、党管人才的原则，就是放弃了党对中央企业的政治领导权，也就放弃了党对经济建设的领导权，就不能保证企业改革的正确方向。① 因此，要坚持党管干部、党管人才的原则，造就一支高素质的专业技术人员队伍，为中央企业注入新的活力。

党的二十大报告将人才工作定位提升到全面建设社会主义现代化国家的基础性、战略性支撑的高度，对深入实施人才强国战略做出了专门部署，提出"加快建设国家战略人才力量，努力培养造就更多大师、战略科学家、一流科技领军人才和创新团队、青年科技人才、卓越工程师、大国工匠、高技能人才。"明确了"完善人才战略布局""加快建设世界重要人才中心和创新高地""深化人才发展体制机制改革"等任务目标。结合实证研究分析的结果，拟对进一步强化中央企业对专业技术人才的引力效应提出以下措施建议。

（二）管理建议

1. 坚持党的领导，用习近平新时代中国特色社会主义思想指导中央企业人才工作

坚持党的领导，用习近平新时代中国特色社会主义思想指导中央企业人才工作，是推动中央企业人才工作创新发展的重要保证。通过党的领导，可以确保人才工作与国家发展战略相一致，提高人才工作的科学性和针对性，强化人才队伍的政治性和先进性，营造良好的人才工作环境和工作氛围。

首先，坚持党的领导可以确保中央企业人才工作与国家发展战略相一致。习近平总书记在中央人才工作会议上强调，做好新时代人才工作，必须坚持党管人才。党的领导是人才工作的根本保证。在中央企业人才工作中，通过党的领导，可以确保人才工作与国家发展战略相一致，紧密配合国家的需求，培养和引进符合国家发展需要的人才，为国家的发展做贡献。

其次，坚持党的领导可以提高中央企业人才工作的科学性和针对性。习近平总书记在党的二十大报告中指出，"培养造就大批德才兼备的高素质人才，是国家和民族长远发展大计"。党的领导是人才工作的科学指导。在中央企业人才工作中，通过党的领导，可以建立科学的人才评价体系、激励机制和培养体系，

① 国务院国有资产监督管理委员会研究室.探索与研究——国有资产监管和国有企业改革研究报告［M］.北京：中国经济出版社，2006：437.

为人才提供了更多的发展机会和空间，使人才能够在企业中发挥自己的才华和能力。

再次，坚持党的领导可以强化中央企业人才队伍的政治性和先进性。在中央企业人才工作中，通过党的领导，可以不断加强人才队伍的党性教育和政治理论学习，培养人才具备坚定的政治方向，坚决拥护党的领导，忠诚于党和国家事业，为实现中华民族伟大复兴贡献力量。

最后，坚持党的领导可以为人才营造良好的工作环境和企业文化氛围。习近平总书记在中央人才工作会议上强调，坚持营造识才、爱才、敬才、用才的环境。各中央企业应该在现有基础上进一步深化企业内部改革，破除束缚人才健康成长和发挥作用的观念和做法。不断加强党的领导，为人才营造积极向上的环境氛围、提供公平公正的人才发展机会，激发人才的创新活力。企业文化是一种长期的、见效慢但持久的激励方式。美国学者赫利雷格尔等人于1992年定义企业文化：企业文化是企业成员共有的哲学、意识形态、价值观、信仰、假定、期望态度和道德规范。① 树立良好的企业文化，为专业技术人员提供和谐的工作环境氛围，让人才在企业中更好地发挥自己的才华和作用。

2. 加快完善中国特色国有企业现代治理

加快完善中国特色国有企业现代治理对人才工作的开展具有重要意义。人才管理离不开企业内部的科学治理。要进一步做好国企改革深化提升行动，巩固国企改革三年行动成果。通过建立现代化的治理机制和管理体系，提供更好的人才发展环境，促进企业的竞争力和创新能力，提高企业的社会责任感和可持续发展能力，国有企业可以吸引更多的优秀人才，推动人才工作的蓬勃发展。

首先，完善国有企业现代治理可以提供更好的人才发展环境。国有企业作为国家的重要经济组织，应该具备现代化的治理机制和管理体系。通过建立科学的人才评价体系、激励机制和培养体系，国有企业可以为人才提供更多的发展机会和空间。同时，完善国有企业的治理结构和决策机制，可以为人才提供更广阔的平台，让他们在企业内部发挥自己的才华和能力。

其次，加快完善国有企业现代治理有助于提升企业的竞争力和创新能力。现代治理的核心是建立健全的企业治理结构和运作机制，强调企业的法治化、

① 加拉文，菲茨杰拉尔德，莫利. 企业分析：第四分册［M］. 马春光，徐子健译. 北京：生活·读书·新知三联书店，1997.

规范化和科学化。通过引入市场化的竞争机制和激励机制，国有企业可以更好地发挥市场优势，提高自身竞争力。同时，完善企业的创新管理体系和创新激励机制，可以激发人才的创新活力，推动企业的技术创新和业务创新，提升企业的核心竞争力。

最后，加快完善国有企业现代治理还可以提高企业的社会责任感和可持续发展能力。现代治理不仅强调企业的经济效益，还注重企业的社会责任和环境保护。通过建立健全的企业社会责任管理体系和环境保护机制，国有企业可以更好地履行社会责任，推动可持续发展。同时，完善企业的风险管理和内部控制体系，可以提高企业的经营稳定性和抗风险能力，增强企业的可持续发展能力。

3. 坚持整体推进与重点突破的人才队伍管理理念

中央企业在做好专业技术人才队伍管理过程中，整体推进和重点突破是相辅相成、相互促进的两个重要方面。整体推进强调整体性、系统性和协同性，注重整体规划、整体培养和整体激励，推动人才队伍的全面发展；重点突破则强调针对性、差异化和创新性，注重发现和培养重点领域和重点岗位的高层次人才，推动人才队伍的专业化和精细化。

首先，整体推进强调整体性和系统性的人才队伍管理。在整体推进的理念下，人才队伍管理要注重整体规划和整体培养。通过制订人才队伍发展规划，明确人才队伍的结构和发展方向，合理配置人才资源，推动人才队伍的结构优化和能力提升。同时，要注重整体培养，通过培养计划、岗位轮岗、培训交流等方式，提高专业技术人才的综合素质和综合能力，促进人才的全面发展。

其次，重点突破强调针对性和差异化的人才队伍管理。在重点突破的理念下，人才队伍管理要注重发现和培养重点领域和重点岗位的高层次人才。通过明确重点领域和重点岗位的需求，制订相应的人才引进和培养计划，重点培养和选拔具备相关专业知识和技能的人才，提高人才队伍在重点领域和重点岗位的专业化和精细化水平。同时，要注重创新性的人才管理，鼓励人才在创新研究、技术开发和项目实施等方面发挥自己的才华和创造力。

整体推进与重点突破的人才队伍管理理念相互促进，形成了一种有机的管理模式。通过整体推进，可以提高人才队伍的整体素质和整体能力，增强团队的凝聚力和协同性，推动人才队伍的全面发展；通过重点突破，可以发现和培养重点领域和重点岗位的高层次人才，提升人才队伍在关键领域和关键岗位的核心竞争力，推动人才队伍的专业化和精细化发展。

同时，整体推进与重点突破的人才队伍管理理念需要注重以下几方面工作。

第一，要加强组织领导和制度建设，明确人才队伍管理的目标和任务，建立科学的管理制度和激励机制，为整体推进和重点突破提供坚实的组织保障。

第二，要加强人才队伍的培养和引进工作，注重培养人才的综合素质和专业能力，发挥人才的创新潜力和习近平新时代中国特色社会主义思想的指导作用，提升人才队伍的思想觉悟和政治素质。同时，要加强对重点领域和重点岗位的人才需求分析和储备，通过招聘、引进、培养等方式，吸引和留住具备相关专业知识和技能的高层次人才。

第三，要注重激励和评价机制的建立，通过薪酬激励、晋升机制、荣誉奖励等方式，激发人才的积极性和创造力，提高人才队伍的凝聚力和向心力。

第四，要加强人才队伍的交流与合作，通过国际交流、合作研究、产学研结合等方式，提高人才队伍的国际化水平和创新能力，推动人才队伍的开放性和多元化发展。

综上所述，坚持整体推进与重点突破的人才队伍管理理念是推动人才队伍建设的重要途径。通过整体推进，可以提高人才队伍的整体素质和整体能力，增强团队的凝聚力和协同性；通过重点突破，可以发现和培养重点领域和重点岗位的高层次人才，提升人才队伍在关键领域和关键岗位的核心竞争力。同时，需要加强组织领导和制度建设，加强人才队伍的培养和引进工作，注重激励和评价机制的建立，加强人才队伍的交流与合作，共同推动人才队伍的整体发展和重点突破，为实现中华民族伟大复兴的中国梦提供强大的人才支撑。

第二节 研究局限与展望

一、研究局限

本研究综合采用定性和定量相结合的研究方法探讨了在京中央企业对专业技术人员的引力效应，取得了一定的研究结论并对企业的管理实践提供了启示。虽然在研究方法的应用上本着严谨和规范的态度，但关于人才吸引的研究是一个系统的领域，因此，本研究不可避免地会存在一定的不足，但可为后续深入研究提供方向。

第一，在研究范围上存在一定局限性。限于时间、人力和资金等多方面的制约，本选题研究范围仅限定在在京中央企业，而对京外中央企业没有纳入研究范围。另外，对于高技能人员等人员范围也未进行划分。

第二，在数据收集上存在一定局限性。本研究虽然进行了第一手的调查，但是样本数量还很少，并且当前国家关于本选题研究中的有关数据资料也很匮乏。如想进行全面的调查研究，需要对在京中央企业所有人员进行调查，通过收集数据进行统计分析，而这将是一项浩繁的任务，已超出个人研究能力所能及的范围。

第三，在研究设计上存在一定局限性。限于时间、精力等原因，编制的量表没有进行问卷预调查，同时采用自主填写的方式，可能会存在同源方差问题。另外，限于自身知识理论水平，虽然在本研究中通过实证分析的方法对选题进行了研究，但研究的深度还比较有限。比如，在文献理论梳理上可能还存在不足、实证分析方法的运用还比较单一等。

二、研究展望

本选题目前仅仅是进行了最浅显和初级的研究工作，未来可就在中央企业工作的专业技术人员工作满意度、离职意愿及其影响因素等问题开展研究。另外，在人才吸引力研究方面，还可以就中央企业和外资企业、民营企业之间开展比较性研究，这样能够更加全面地反映中央企业在人才吸引方面的优势和劣势，可以为中央企业更好地提升人才竞争力提供政策建议。

下篇　组织支持感对中央企业
外派境外人员工作绩效影响研究

第一章

导　论

第一节　选题背景与研究意义

一、选题背景

党的十八届五中全会提出要加快推进"一带一路"建设,实施创新的发展理念。"一带一路"倡议为中国企业"走出去"提供了重要的机遇,中国企业走出去的内生动力日益增强。中央企业作为国有企业的中流砥柱,将在更大范围和更深程度上参与全球竞争。中央企业是"走出去"的主力军,既连着全球供应链、产业链,也是大量海外工程的承建者。特别是在面对新冠疫情带来的冲击时,中央企业全力复工复产,稳定全球产业链、畅通国际供应链,保障国际贸易和产能合作平稳进行。中央企业正在通过加强有效协同形成走出去的合力,在落实"一带一路"、国际产能和装备制造合作等国家规划中发挥领头羊和主力军的作用。

中央企业推进"一带一路"倡议,提升国际化经营水平,势必需要有越来越多的员工接受外派到境外工作。外派人员能够将自己具备的知识和能力与派出企业的经营战略和所在国的环境特点有效结合,从而形成一种竞争优势,因此这类群体成为一种稀缺人才资源。同时,限于企业性质和特点,中央企业外派人员一旦未能达到应有的绩效目标而造成外派失败,甚至造成人才流失,不仅给外派企业带来有形成本的损失,或将引发道德风险和国有资产的隐性流失。

以往企业往往单纯强调员工要忠诚于企业,忠诚胜于能力。但外派工作因环境不同,外派人员长时间远离亲人,生活方式和习惯发生巨大变化,且部分国家工作环境相对艰苦，外派人员普遍担忧驻外工作对家庭、职业生涯等方面造成影响，更多的员工寻求事业稳定与家庭美满的平衡，造成员工主动参加外派工作的积极性不高。客观现实使越来越多的企业管理者意识到，单方面要求员工对企业的忠诚和承诺是远远不够的，企业应该努力使员工感觉到企业对他们的支持和认可。

由于中央企业兼具营利性和公共性、兼有经营使命与政策性使命，不同于民营和外资企业。传统的通过绩效考核来达成的引导、激励、约束和淘汰员工的机制来驱使员工完成工作任务的办法，在中央企业的适应性可能会受一定程度上的限制。要提升员工的绩效，除了原有的绩效考核"外化"机制作用，还需要更多地考虑和采用"内化"的方法调动员工的自觉性、积极性和主动性。提升员工的敬业度正是这样一种"内化"的方法，能使员工对组织投入更多的情感，有效提升员工的积极情绪、主动承担责任并提高工作绩效。正如 GE 公司前 CEO 杰克·韦尔奇曾言道：首先要能够让员工敬业，才能让组织在竞争中胜出。

在境外工作环境下，员工远离家庭和亲人，初次到异国他乡工作，直属领导对其引领作用十分重要。中国古语有云，上行下效。当员工对领导虚伪感知程度过高时，员工们认为领导可能会为自己牟取私利，员工们不再愿意去和领导沟通，工作士气和对组织目标的认同感将大幅降低。而员工对领导虚伪感知程度较低时，员工越可能认为组织对他们的支持是积极的，就会加强对组织在情感上的投入和认同。

基于以上背景和原因分析，本研究以中国文化背景下中央企业外派人员为调查研究对象，探讨组织支持感对其工作绩效的影响以及员工敬业度的中介作用和领导虚伪感知的调节作用，为中央企业提高和改善外派人员的工作绩效，更好地夯实走出去的人才基础，有力有序推进走出去和"一带一路"倡议提供理论支撑和实践借鉴。

二、选题意义

国务院国有资产监督管理委员会提供的数据显示，党的十八大以来，中央企业海外资产近 8 万亿元，分布在 180 多个国家和地区，项目超过 8000 个。年均增长 12.2%。截至 2021 年，中央企业和单位对外非金融类直接投资流量642.9 亿美元，占非金融类流量的 42.3%，比上年增长了 30.7%，超六成来自收益再投资。中央企业在"走出去"中已经成为名副其实的国家队和主力军。

人才是企业发展的核心竞争力，可以说中央企业在"走出去"、拓展境外市场、提高企业国际竞争能力中离不开一支强有力的外派人员队伍。深入研究中央企业外派人员的工作绩效影响机制，不论是对中央企业更好地将人才优势转化为竞争优势，还是对外派人员个体职业生涯发展都具有重要的理论和现实意义。

（一）理论意义

一是对公共部门人力资源管理领域研究内容的丰富和补充。

20 世纪 70 年代开始，西方的"新公共管理运动"助推公共部门人事行政管理向企业现代人力资源管理转变，传统的人事行政管理逐渐被现代人力资源管理取代，公共部门人力资源管理应运而生。公共部门人力资源管理虽然引入了企业的竞争机制，但组织特点决定了其具有企业人力资源管理所不具有的内容和特质，那就是作为一种公共管理或政府管理的新哲学，必须反映政府管理的本质特征，即与公共权力的行使密切相关，具有政治性或公共性的特征。在我国，国有企业是公共部门的重要组成部分，中国国有企业通过其政治功能的发挥有力地推动了社会主义各项事业的进步，是壮大国家综合实力、保障人民共同利益的重要力量，是党执政的重要基础。国有企业人力资源管理兼具私人部门和公共部门双重特点，但在管理目标上更强调政治的回应性、关联性与社会公平。以往公共部门人力资源管理研究更多是限于政府、事业单位和社会组织，因此本文将会进一步丰富公共部门人力资源管理领域的研究内容。

二是对现有组织支持感和敬业度理论研究内容进行了一次全面梳理和拓展。

进行任何学术研究都不能只从研究问题一方面入手，而是需要对已有文献资料、相关理论和研究进行全面梳理，本书也不例外。一方面，本书较为详细全面地梳理了组织支持感、领导虚伪感知、敬业度和工作绩效的相关理论和文献，采用了中国情境下学者们开发的量表，对已有量表维度进行验证，以便为后续相关研究提供一定的理论依据。另一方面，以往较少研究敬业度、领导虚伪感知作为中介调节变量对组织支持感和工作绩效的影响，而且现有研究和理论从未涉及在中央企业外派人员这一特殊群体上的适用性研究。因此，本研究不仅仅是对相关理论研究的一种再学习和再认识过程，也是一种补充和完善。

（二）现实意义

一是全面贯彻落实党和国家关于深化人才发展体制机制要求的体现。

作为我国全面深化改革的重要组成部分，2016 年 3 月 21 日，中共中央印发了《关于深化人才发展体制机制改革的意见》（以下简称《意见》）。《意见》的出台对创新人才发展体制机制、加快建设人才强国、形成具有国际竞争力的人才制度优势具有重要意义，吹响了打赢关系国家命运决战而必须扫除人才体制机制障碍的攻坚号令。2021 年 9 月，习近平总书记在中央人才工作会议上强调要坚持全方位培养用好人才，党的二十大报告指出要深入实施人才强国战略。在加快建设人才强国的背景下，本研究选取了中央企业外派人员工作绩效影响机制问题进行研究，这是作为一名在公共部门从事人力资源管理工作的公职人员责无旁贷的责任。基于此，本研究的现实意义亦非常明显。

二是立足本职、解决本部门和单位管理实践中现实问题的需要。

在前期工作调研及问题收集中，外派人员普遍反映单位及有关政府部门应加强对驻外工作人员在政策、工作、福利保障待遇等方面的倾斜力度。此外，也存在受内外部多种因素影响，外派人员对本职工作认同感降低而最终选择离职的现象。诚然，经过三十多年改革，我国公共部门建立并完善了人才发展体制机制框架，但不可否认的是，改革创新的力度还不够、人才开发和发展的环境还面临着种种不利因素。本研究针对在实际工作调研中收集到的问题，经过总结分析，将问题归结为组织支持感、领导虚伪感知、敬业度对工作绩效的影响机制问题。本着对专业的热爱和忠诚于岗位职责，本研究选择了工作岗位和工作领域中相关问题展开分析，力争通过分析研究，提出解决问题的相关政策建议，切实解决在工作中面临的实际问题，有效提高管理水平。

第二节　国内外研究现状

通过万方数据平台的知识脉络分析，发现组织支持感、领导虚伪感知、敬业度和工作绩效在近两年一直是学者们关注的研究热点。通过对现有相关研究文献的分析和比较，可以看出有关组织支持感、领导虚伪感知、员工敬业度和工作绩效的研究已经取得了一定进展，为管理者改进管理行为和学者们后续研究奠定了一定的基础。

一、组织支持感研究现状

随着管理学的不断发展，研究者们发现以往在研究员工和组织的关系时更多的是关注了员工由下而上对组织的承诺和忠诚，忽视了对组织以及组织和员工之间双向作用的研究。为此，二十世纪六七十年代，以莱文森（Levinson）为代表的学者陆续提出了组织拟人化、社会交换和报酬原则理论。这些思想的核心，实质上都是在研究员工—组织关系（Employee-Organization Relationship，简称 EOR）的一系列问题。

基于这些前期已有的理论研究，美国社会心理学家艾森伯格（Eisenberger）提出了组织支持理论（Organizational Support Theory，简称 OST）和组织支持感（Perceived Organizational Support 简称 POS）。认为组织支持感是员工感知到的组织认可和重视自身价值并关心其生活状态的程度，涉及两个要点：一是员工感知到的组织重视其存在价值及其所做贡献的程度；二是员工感知到的组织对于自身及其家庭的生活状态和经济利益的关心程度。① 西方学者克莱默（Kraimer）、韦恩（Wayne）等人对组织支持感进行了研究。克莱默和韦恩指出应该从多维度来审视和丰富组织支持感，并提出了从适应性组织支持感（adjustment POS）、事业性组织支持感（career POS）和金融性组织支持感（financial POS）。② 国内对组织支持感研究比较权威的学者凌文辁提出在中国文化背景下组织支持感是一个多维的概念，反映了员工的工作动机，即物质生活的保障、被组织认可并受到尊重、在工作中做出成就而实现自我。作为对组织支持的回报，员工将积极努力工作，表现出更多的利组织行为和对组织的忠诚。③

国内外学者对组织支持感变量的研究主要集中在前因变量和结果变量两方

---

① 徐晓锋，车宏生，林绚晖，等 . 组织支持理论及其研究［J］. 心理科学，2005（1）：130-132.

② KRAIMER M L, WAYNE S J, JAWORSKI R A. Sources of support and expatriate performance：The mediating role of expatriate adjustment［J］. Personnel Psychology, 2001, 54（1）：71-100.

③ 凌文辁，杨海军，方俐洛 . 企业员工的组织支持感［J］. 心理学报，2006（2）：281-287.

面。罗德斯（Rhoades）和艾森伯格①、阿塞拉格（Aselage）、艾森伯格②等学者研究指出组织公平、上级支持感等因素都会影响组织支持感的产生，是组织支持感的前因变量。迈耶（Meyer）和史密斯（Smith）③、施廷汉伯（Stinglhamber）和范登伯格（Vandenberghe）④ 以及国内学者纪晓丽、曾艳和凌玲⑤等人通过研究表明组织支持感通过促进员工提高工作主动性来对组织形成影响，会对组织承诺、工作满意度、工作绩效以及离职等结果变量发生作用。

　　另外，组织支持理论能够被应用于公共部门人力资源管理领域，理论依据就在于新公共管理理论和政府失败理论。新公共管理理论认为，非公共部门的一些做法可以被运用到公共部门的实际管理中，以有效提高公共部门的管理效率和管理水平。布坎南政府失败理论的主要观点在于政府的能力是有限的，需要将企业管理中的先进理念和理论引入政府的改革管理中。因此，新公共管理理论和政府失败理论成为在公共管理领域中运用组织支持理论的理论依据。

二、敬业度研究现状

　　美国学者 Kahn 通过借鉴自我和角色理论提出，自我和角色是一种动态的、可协调的关系，并把员工的自我与工作角色的结合，定义为全情投入。1990 年，他又进一步总结提炼了敬业度（personal engagement）的概念，将其定义为雇用与在工作中表现自我二者同时发生，并且通过组织成员在身体、认知和情感上积极充分地展现工作角色来促进个体与工作和他人的联系。⑥

---

①　RHOADES L, EISENBERGGER R. Perceived Organizational Support：A Review of the Literature [J]. Journal of Applied Psychology, 2002, 87（3）：698-714.

②　ASELAG J, EISENBERGER R. Perceived Organizational Support and Psychological Contracts：a Theoretical Integration [J]. Journal of Organizational Behavior, 2003, 24（5）：491-509.

③　MEYER J P, SMITH C A. HRM Practices and Organizational Commitment：Test of a Mediation Model [J]. Canadian Journal of Administrative Sciences, 2000, 17（4）：319-332.

④　STINGLHAMBER F, VANDENBERGHE C. Organizations and Supervisors as Sources of Support and Targets of Commitment：a Longitudinal Study [J]. Journal of Organizational Behavior, 2003, 24（3）：251-270.

⑤　纪晓丽，曾艳，凌玲. 组织支持感与工作绩效关系的实证研究 [J]. 工业工程, 2008（4）：66-69.

⑥　KAHN W A. Psychological conditions of personal engagement and disengagement at work [J]. Academy of Management Journal, 1990, 33（4）：692-724.

但由于学者们在后续研究中，在概念内涵结构上认识意见不一，西方研究机构主要是使用基于卡恩（Kahn）提出的敬业度概念设计问卷。如美国盖洛普咨询公司《盖洛普工作场所调查问卷-Q12》、翰威特咨询公司提出了敬业度 3S 概念，即向客户高度赞扬公司（say），渴望留任（stay）和全力付出（strive）。而国内学者们则是根据本土实际，通过自行研究设计量表工具对概念进行界定。如曾晖和赵黎明提出了六维度敬业度量表 MEI，该量表包括任务聚焦、活力、主动参与、价值内化、效能感和积极坚持六个维度。① 方来坛、时勘和张风华认为员工敬业度体现在工作角色表现中，是员工把自我与工作角色相结合的程度，也是对工作、团队及组织本身的认同、承诺和投入的程度。② 虽然学者们对敬业度概念的界定表述各不相同，但都着重强调了员工对组织在情感上的投入和认同。

目前在敬业度的变量研究方面，更多的是把其作为介于前因变量和结果变量之间的中介变量来研究。前因变量按照影响因素不同，可以划分为复合因素（如从员工价值观与组织价值观的一致性/个人—工作匹配角度）和单因素（如工作挑战）两个类别。结果变量有员工的工作态度、员工的角色外行为以及工作绩效等。目前，敬业度中介其前因和结果变量之间关系的研究，已越来越多地引起国内外学者们的兴趣。沙乌费利（Schaufeli）和巴克（Bakker）③、理查森（Richardsen）④ 以及国内学者刘淑静⑤和王默凡⑥等人在研究中均探讨了敬业度作为中介变量的作用机制。

① 曾晖，赵黎明. 员工敬业度的结构模型研究［J］. 心理科学，2009，32（1）：231-235.

② 方来坛，时勘，张风华. 员工敬业度的研究述评［J］. 管理评论，2010，22（5）：47-55.

③ SCHAUFELI W B，BAKKER A B. Job demands，job resources，and their relationship with burnout and engagement：A multi-sample study［J］. Journal of Organizational Behavior，2004，25（1）：293-315.

④ 李金星，张蹄. 员工敬业度的理论研究述评与展望［J］. 内蒙古财经学院学报，2011（1）：41-46.

⑤ 刘淑静，张希风. 互惠性偏好、员工敬业度与知识共享意愿关系研究［J］. 江苏商论，2012（11）：135-140.

⑥ 王默凡. 知识型员工天职取向、员工敬业度与工作绩效关系研究［D］. 北京：首都经济贸易大学，2014：145-150.

三、工作绩效研究现状

工作绩效是管理学研究领域中一个重要概念和结果变量，对工作绩效的研究对象主要包括个体、团队和组织三个层面。本文要研究的是员工个人工作绩效，也就是个体绩效。

梳理现有文献可以发现，目前从个体层面对工作绩效的定义还未达成统一，主要有三类代表性观点：绩效结果观点、绩效行为观点和绩效综合观点。坚持绩效结果观的学者们认为，工作绩效一般与任务完成情况、取得的成绩和结果联系起来。坚持绩效行为观的学者们认为工作绩效应该是一种行为。对于这种行为，有的学者认为应该是与组织的目标和产出相关的行为；还有的学者认为这种行为无论是否与组织目标产出相关，都应作为考核工作绩效的依据，如组织公民行为等。坚持绩效综合观点的学者们则综合了前两类观点，认为工作绩效既包括了结果，也包含了实现结果所做出的行为。如韩翼在研究中就指出工作绩效是一个多维结构，是行为与结果的综合体。①

在对工作绩效维度结构划分研究方面，学者们有很多研究。柏曼（Borman）和摩妥威德罗（Motowidlo）首次提出了将工作绩效分为任务绩效（task performance，TP）和关系绩效（contextual performance，CP），其中，任务绩效指在组织中与特定工作有关的行为或组织明确规定的行为；关系绩效指自发性或自愿性行为。② 之后，斯科达（Scotter）和摩妥威德罗在研究中进一步将关系绩效细化为两个维度，即人际促进和工作投入。③ 国内学者王辉、李晓轩和罗胜强④等人均进一步验证了工作绩效的两个维度。虽然部分学者基于两维度模型又增加了新的维度，如韩翼和廖建桥⑤在任务绩效和关系绩效的基础上加入了学习绩效

① 韩翼，廖建桥，龙立荣. 雇员工作绩效结构模型构建与实证研究［J］. 管理科学学报，2007（5）：62-77.

② BORMAN W C，MONTOWIDLO S J. Task performance and contextual performance：the meaning for personnel selection research. Human performance. 1997，10（2）：99-109.

③ SCOTTER J R，MOTOWIDLO S J. Evidence that task performance should be distinguished from contextual performance［J］. Journal Applied Psychology，1996（79）：475-480.

④ 王辉，李晓轩，罗胜强. 任务绩效与情景绩效二因素绩效模型的验证［J］. 中国管理科学，2003（4）：80-85.

⑤ 韩翼，廖建桥. 任务绩效和非任务绩效结构理论研究述评［J］. 管理评论，2006（10）：41-47.

和创新绩效。但学者们最终普遍均认可工作绩效包含任务绩效和关系绩效两个基本维度。

四、领导虚伪感知研究现状

中国从古至今，传统文化中始终强调做人要言行一致，表里如一。宋朝赵善璙《自警篇·诚实》中曾写"力行七年而后成，自此言行一致，表里相应，遇事坦然，常有余裕"，领导虚伪感知是指员工对领导言行不一致的知觉，这种知觉在一定程度上比其行为更加重要。当前，学者们普遍对领导行为和风格进行了研究，诸如，辱虐管理、参与式领导、谦卑式领导等，但对领导虚伪感知的研究却不多。西蒙斯（Simons）等通过研究认为领导虚伪感知会负向影响人际公平、留职意向和工作满意度。① 格林鲍姆（Greenbaum）等人研究了领导虚伪感知与主管暗中破坏和下属离职意愿之间关系，认为领导虚伪感知在二者之间发挥了中介作用。② 姚楠等通过实证研究发现，领导虚伪感知负向调节自我牺牲型领导与领导认同之间的关系。③ 知觉作为人们的一种主观认知，会对自己的潜在行为产生影响。领导在一定程度上就是组织的代表，领导的行为会在潜移默化中影响组织对员工的看法。当员工感受到领导言行不一致时，就会对组织产生疑虑，会对组织是否值得自己付出产生怀疑，从而产生消极怠工的行为，进而影响工作绩效。

五、组织支持感、敬业度与工作绩效三者关系研究现状

（一）组织支持感与工作绩效关系研究现状

在组织支持感对工作绩效之间的关系研究方面，不论是从理论角度还是从实践角度，结论基本趋于一致，均认为组织支持感与工作绩效的关系存在显著

---

① SIMONS T, FRIEDMAN R, LIU L A, et al. Racial differences in sensitivity to behavioral integrity: Attitudinal consequences, in - group effects, and "trickle down" among Black and non - Black employees [J]. Journal of Applied Psychology, 2007, 92 (3): 650-665.

② GREENBAUM R L, MAWRITZ M B, PICCOLO R F. When leaders fail to "walk the talk": Supervisor undermining and perceptions of leader hypocrisy [J]. Journal of Management, 2015, 41 (3): 929-956.

③ 姚楠, 张亚军, 周芳芳. 自我牺牲型领导对员工建言的影响: 有调节的中介效应 [J]. 科研管理, 2019, 40 (9): 221-230.

的正相关关系和直接效应，组织支持感越强的员工，越容易取得高的工作绩效。

最早提出组织支持感概念的艾森伯格在研究中表明，员工的组织支持感与其工作绩效存在显著的正相关关系，具有高水平组织支持感的员工更能忘我地投入工作中，因此工作绩效的提高也更为明显。① 克莱默和韦恩在对涉外员工调查研究中表明，组织支持感对涉外员工在境外适应方面有直接影响，进而会影响到员工的任务绩效和关系绩效。② 纪晓丽等学者在对四川、重庆、云南、广西、浙江、上海、北京等地区部分企事业单位员工的调查研究中验证了组织支持感与工作绩效二者各维度之间都显著正相关。③ 陈志霞和陈剑峰以武汉钢铁集团公司、华中科技大学等20多家企事业单位大学及以上文化程度知识员工为调查对象，研究表明了组织支持感与工作满意度、组织承诺、工作绩效等组织行为变量均存在显著正相关关系，且对工作绩效的预测力要强于工作满意度，组织支持感影响工作绩效的直接效应大于间接效应。④

（二）敬业度与工作绩效关系研究现状

在敬业度对工作绩效作用研究方面，虽然针对的研究对象不同，文化情景不同，但研究结论基本趋于一致，即认为员工敬业度与工作绩效之间具有显著正相关关系，敬业度越高的员工，越愿意在组织中实现自我，提升组织绩效。

如巴克和德梅特里（Demerouti）在员工敬业度模型构建研究中指出，敬业度对员工的角色外绩效有积极影响。⑤ 美国知名咨询公司盖洛普在调查实践中发现，员工敬业度会影响企业的利润率、生产率、顾客忠实度、员工保留和安全五大绩效指标，提出了"通往企业成功的盖洛普路径"⑥。国内学者霍苑渊在研

① EISENBERGER R, ARMELI S, REXWINKEL B, et al. Reciprocation of perceived organizational support [J]. Journal of Applied Psychology, 2001 (86): 42-51.

② KRAIMER M L, WAYLNE S J. An examination of perceived organizational support as a multidimensional construct in the context of an expatriate assignment [J]. Journal of Management, 2004 (30): 209-237.

③ 纪晓丽，曾艳，凌玲. 组织支持感与工作绩效关系的实证研究 [J]. 工业工程，2008 (4): 66-69.

④ 陈志霞，陈剑峰. 组织支持感影响工作绩效的直接与间接效应 [J]. 工业工程与管理，2008 (1): 99-104.

⑤ BAKKER A B, DEMEROUTI E. Towards a model of work engagement [J]. Career Development International, 2008, 13 (3): 209-223.

⑥ 唐一庆. 员工敬业度管理 [J]. 职业，2006 (9): 28-29.

究中指出，员工敬业度对员工的绩效和组织公民行为具有正向影响，在工作特征和工作绩效之间发挥了一定的中介作用。[①] 程雪认为国有企业员工的敬业度对组织绩效有一定作用，二者呈现正相关关系。[②] 张同健等人[③]、方来坛等人[④]通过各自不同研究也都表明敬业度越高的员工，工作绩效越高，部分因素在员工敬业度与工作绩效之间发挥了中介作用。

（三）组织支持感与敬业度关系研究现状

通过对文献的梳理可以发现，目前对组织支持感和敬业度之间相关关系的研究还不是很多，二者关系的研究主要限定于组织支持感对敬业度具有预测作用。另外，组织支持感作为中介变量，在其前因变量和敬业度之间发挥中介作用。

如 Saks 在研究中证明了组织支持感作为前因变量能够显著地预测员工的敬业度。[⑤] 姜秀梅在研究中以山东电力、化工及煤炭企业的员工为调查对象，经分析后认为组织支持感对员工的敬业度有显著的正向作用，而且组织支持感具有中介作用。[⑥] 王晓萍以浙江省杭州、宁波、义乌、嘉兴等地区的企业的知识型员工为调查对象，通过研究表明组织支持感与员工敬业度呈显著相关关系，组织支持感对员工敬业度具有较强的预测力，并且组织支持感各维度对员工敬业度各维度的具体预测作用强度大小不同。[⑦] 曹科岩和宁葳通过对广东省高科技企业员工进行问卷调查，结果表明组织支持感和人力资源管理实践对员工敬业度有影响，这种影响是直接或间接的，并且组织支持感在人力资源管理实践与敬业度之间起到了完全中介作用。[⑧]

[①] 霍苑渊. 员工敬业度的构成维度及其影响因素研究：基于两个典型企业中的调查 [D]. 杭州：浙江大学，2008：128.

[②] 程雪. 国有企业员工敬业度的实证研究 [D]. 武汉：华中农业大学，2009：53.

[③] 张同健，蒲勇健，刘敬伟. 雇主互惠性、员工敬业度与企业绩效的相关性研究：基于江苏、浙江民营企业的数据检验 [J]. 贵州财经学院学报，2009 (6)：65-69.

[④] 方来坛，时勘，张风华，等. 员工敬业度、工作绩效与工作满意度的关系研究 [J]. 管理评论，2011，23 (12)：108-115.

[⑤] SAKS A M. Antecedents and consequences of employee engagement [J]. Journal of Managerial Psychology，2006，21 (7)：600-619.

[⑥] 姜秀梅. 企业员工敬业度的组织影响因素研究 [D]. 济宁：曲阜师范大学，2008：38-42.

[⑦] 王晓萍. 企业知识型员工组织支持感对周边绩效的影响研究：以员工敬业度为中介变量 [D]. 浙江：浙江工商大学，2013：71-72.

[⑧] 曹科岩，宁葳. 人力资源管理实践对员工敬业度的影响：组织支持感的中介作用——基于广东省高科技企业的实证研究 [J]. 科技管理研究，2012，32 (5)：174-178.

六、现有文献研究评述

通过对现有研究和文献的归纳分析，可以看到仍有一些研究内容需做进一步验证和深入探讨。

第一，新公共管理理论和政府失败理论是组织支持理论在公共管理领域中运用的理论依据。组织支持感理论源于西方，在概念维度构成上有单维度和多维度两类。而国内学者们（如凌文辁、杨海军和方俐洛等）基本认为在中国文化背景下的组织支持感应该是多维度的概念。目前大部分的研究成果是基于西方文化背景展开的分析，国内相关理论和实证研究为数不多，有必要在国内文化背景选取不同性质的组织进行研究，以推广理论在国内应用，从而使研究进一步本土化。

第二，现有研究对敬业度维度划分尚未达成统一，国内针对某一类特定组织和人员群体进行敬业度研究的工具还不多。目前对国有企业员工敬业度测量研究也仅有北京大学萧鸣政教授进行了尝试并编制了调查研究问卷。对中央企业外派人员这类群体的组织支持感、敬业度、领导虚伪感知和工作绩效关系的研究尚属空白阶段。

第三，现有研究主要针对敬业度的前因和结果变量，但对其作为中介变量的作用机制还缺乏深入探讨。同时，在现有组织支持感对工作绩效影响的中介变量研究中，较多采用了态度变量或行为变量，对心理变量的研究不多。敬业度作为横跨积极心理学和人力资源管理领域的变量，主张通过关注个体积极的情感和心理来增加对工作的积极性和投入程度。将敬业度引入组织支持感影响工作绩效的模型中，研究探讨敬业度作为中介变量的作用机制，将会使理论模型更加丰富和具有说服力。

七、本书拟研究探讨的问题

如前所述，在对现有研究情况进行总结的基础上，本文针对中央企业外派人员群体，拟对如下问题进行研究探讨：

第一，探讨人口学统计变量对组织支持感、敬业度和工作绩效的影响。

第二，在理论分析的基础上，探讨组织支持感对中央企业外派人员工作绩效的影响机制并构建研究模型，寻求各维度之间的影响程度，以便提出有针对性的策略。

第三，验证敬业度在组织支持感和工作绩效之间发挥的中介作用。

第四，探讨领导虚伪感知在组织支持感、敬业度、工作绩效之间的调节作用。

第三节　技术路线、结构安排与研究方法

一、技术路线

本选题的研究领域为人力资源管理。传统人力资源管理主要集中于工商管理领域，而本书研究涉及的中央国有企业作为中国公共部门的重要组成部分，决定了其具有区别于企业人力资源管理的一些特点，如复杂性、稳定性和政治性等。同时在研究中还需要收集一手调查数据进行统计分析，因此需综合运用到工商管理、公共管理、政治学、经济学、统计学等多学科知识。

在逻辑思路上，首先结合工作中的问题，通过筛选确定选题。然后在理论研究的基础上构建分析模型，提出研究假设。通过对数据进行收集和分析，采用实证分析的方法验证研究假设，最后提出政策性建议。在确定了选题研究的逻辑思路后，设计了技术路线图，如图1-1所示。

二、结构安排

本书共分为六个部分。第一部分是导论，主要阐述了选题的背景和意义，对国内外相关研究现状进行了综述，并提出本文拟探讨研究的问题。指出了本文的技术路线与研究内容安排，同时对运用的研究方法和可能存在的创新之处进行了说明。第二部分主要是理论分析。首先，对选题研究的相关概念进行了说明和界定。其次，介绍了本文涉及的一些管理理论，为开展后续分析奠定理论基础。第三部分是现状分析和案例研究。主要阐述了目前中央企业对外派人员提供的组织支持情况，再以中央企业 Z 公司为例，分析改革成效与存在的问题。最后总结了国外知名跨国企业对外派人员提供组织支持的经验。第四部分是在理论和案例分析的基础上构建分析模型，提出研究假设。同时说明问卷设计、修正与施测的过程，为后续正式进行实证研究做好准备。第五部分是实证分析，运用了描述性统计分析、差异性分析、相关分析和回归分析，对敬业度的中介作用和领导虚伪感知的调节作用进行验证。第六部分是本书的总结，提

出研究结论和对策建议，对本选题的研究不足以及未来研究展望进行了简要说明。

三、研究方法

（一）文献研究法

文献研究法就是通过阅读大量国内外相关文献了解相关理论和研究的历程，熟悉研究的进展和困境，从而为做好选题的研究奠定基础。本文通过查阅电子图书馆相关文献数据库等途径收集国内外有关理论成果，经过梳理分析，归纳总结研究的不足，从而为本文奠定坚实的理论基础，同时也便于结合选题确定研究的框架和内容。

（二）问卷调查法

问卷调查法是一种收集研究材料经常使用的调查手段。本文根据研究的内容，在阅读文献及比较分析的基础上，借鉴了以往学者们编制的问卷，通过访谈及试测对问卷部分调查问题进行了删除和修改后形成了调查问卷，通过发放网络版和纸质版问卷进行问卷调查。

（三）定性与定量分析法

运用定性与定量研究相结合的方法，在理论分析与案例分析基础上，应用SPSS 21.0统计软件对问卷收集的数据进行信度效度测试、描述性统计分析、相关分析、回归分析、中介作用验证等，从而验证以往学者们问卷的稳定性和适用性，研究各变量间的关系并检验理论假设，为提出合理化建议提供数理分析依据。

（四）非结构式访谈法

非结构式访谈又称非标准化访谈，是访谈法中的一种。通过对高层管理人员、人力资源管理部门负责人等进行访谈，收集他们对外派人员管理、工作绩效提升和组织管理等方面的看法，更全面地获悉存在的问题，以便深入研究讨论解决措施的可能性与可行性。

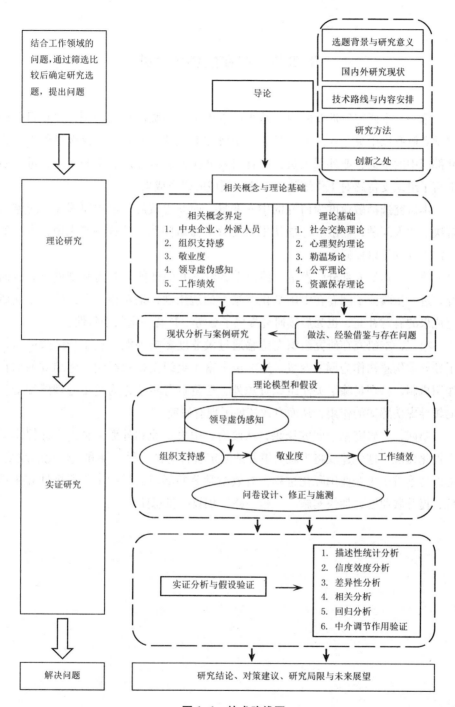

图 1-1 技术路线图

第四节 存在的创新之处

第一，本研究所涉及的内容是当前中央企业面临的现实问题，并且目前国内学者鲜有以中央企业外派人员为特定研究对象的。本研究不仅选择了中国公共部门中的中央企业外派人员，而且引入外派人员敬业度为中介变量，进一步丰富了组织支持感对工作绩效影响这一领域的研究成果。

本研究选择敬业度为研究的中介变量，而非忠诚度，根本原因在于忠诚只解决了留人问题，而敬业才能从根本上解决做事问题。从这一点来说，本文的关注点区别于以往研究。

第二，本研究部分问卷是以国内学者设计并验证的问卷为基础进行调查研究，进一步验证了问卷在中国文化背景下的适用性，是对相关理论的本土化研究成果的有意补充，也为后续研究提供了参考，具有一定的创新性。

第三，本研究在研究组织支持感通过敬业度影响外派人员工作绩效中引入了领导虚伪感知作为调节变量，进一步丰富了组织支持感影响工作绩效的内在作用机制，特别是除了关注组织资源外，还重点考察了作为员工心理感知变量的领导虚伪感知的作用，从而有效拓展了现有研究。

第四，本研究基于研究结果，从政府、中央企业和外派人员三方面提出了个性化建议。这些建议将为政府更好地制定有针对性、科学性和人性化的政策，更好地推进中央企业国际化进程，有效激励公共部门人员的工作积极性和主动性，提升敬业度，加快实施"一带一路"倡议提供思路借鉴。

第二章

相关概念与理论基础

第一节　相关概念界定

一、中央企业

中央企业实际是中央国有企业的简称。国有企业是指国家拥有、控制进行生产经营的经济组织，是市场主体和法人实体。[①] 在我国，按照国有资产监督管理权限和出资人层面，国有企业可划分为中央国有企业（简称中央企业）和地方国有企业（简称地方企业）。

根据《企业国有资产法》的规定，中央企业可分为两大类。第一类是由国务院国有资产监督管理委员会履行出资人职责并监督管理的企业，也是狭义上的中央企业。第二类是国务院授权其他部门、机构履行出资人职责并监督管理的企业，如烟草、文化领域及金融行业的企业等。

本书研究的中央企业主要选定在第一类，即由国务院国有资产监督管理委员会监管的企业。

二、外派人员

外派人员，通常包括两类：第一类是指由母国被派遣到母国以外的国家或地区开展工作的人，通常包含母国公民和第三国公民。第二类是指在母国内被

[①] 张玉清，李春玲. 国有企业经营者激励约束研究［M］. 北京：中国经济出版社，2008：18.

派遣到本单位以外地区工作的人。根据外派工作性质不同，可以区分为管理型外派、技术型外派和劳务外派。管理型外派主要是指被外派从事经营管理性工作，技术型外派主要是指被外派从事某种具体技术项目或为项目提供技术性服务工作，劳务外派主要是指被外派从事简易的体力劳动。

本书研究的外派人员限定于第一类，即被外派至境外工作的管理型和技术型中方外派人员，不包含劳务外派人员和第三国公民。

三、组织支持感

国内学者凌文辁教授在中国文化背景下通过调查量表研究对组织支持感进行了深入研究，本书认同并采用凌文辁教授的定义，即组织支持感是指员工知觉到的组织对他们工作上的支持，对他们利益的关心和对他们价值的认同，即包含工作支持、关心利益和价值认同三个维度。同时在实证分析中采用凌文辁教授的量表，将工作绩效作为组织支持感的结果变量进行研究。

四、敬业度

根据现有学者们对敬业度的研究，本书认为敬业度是员工通过生理、情感和行为的表达而反映出的一种对组织和工作自觉主动地投入的状态。员工的敬业度越高，工作投入度越高并会影响工作绩效，反之则相反。

在对敬业度的测量中，沙乌费利等人自行编制了 Utrecht 工作投入量表（The Utrecht Work Engagement Scale，UWES）来测量敬业度结构。在后续的研究中又进一步将 UWES 量表的题目从 17 个减少到 9 个，量表包括活力、奉献和专注三个维度。沙乌费利指出，由于三个维度之间高度相关，如果研究者对敬业度的研究只限于概念而不是组成时，应该将敬业度视为一个整体，即作为单维度量表使用，以免在分析数据时出现多元共线性的问题。目前，UWES 量表由于信度效度较高且具有一定的稳定性，已成为敬业度研究领域中应用最为广泛的测量工具。

考虑本书研究目的是将验证敬业度作为一个整体发挥的中介作用，因此本文预调查时将采用 UWES 量表，将敬业度视为单维度。

五、工作绩效

通过文献综述可以发现，绩效综合观全面概括了工作绩效的概念，不仅可以较好地解释现象，而且关注所发出的行为，更容易被大众所接受。本文亦采用工作绩效综合的观点，将工作绩效定义为组织中的个体在特定时期内所采取的行为、持有的工作态度以及取得的工作产出的一系列总和。

对工作绩效的维度划分上，学者们普遍认同任务绩效和关系绩效的维度划分。摩妥威德罗设计的工作绩效量表得到普遍认可，后期得到余德成教授等人的验证，本文将主要参考摩妥威德罗设计的工作绩效量表，从任务绩效和关系绩效两方面来衡量工作绩效。

六、领导虚伪感知

格林鲍姆等[1]认为领导虚伪感知是指员工对领导言行不一致的知觉。从定义可以看出，领导虚伪感知的核心成分在于言行不一致，与是非对错无关。在日常工作中，领导出现了不道德的行为，但是因为其倡导不合伦理规范的价值观，这种做法同样会被他人认作虚伪。由于领导虚伪感知的相关研究刚刚起步，相关研究文献还比较匮乏，为确保相关测量和研究的准确性，本研究采用格林鲍姆编制的领导虚伪感知测量量表。

第二节　理论基础

任何研究都必须有理论作为支撑。为了给后续的模型构建和过程分析提供理论基础，在此将本研究涉及的理论进行简要说明，主要包括社会交换理论、心理契约理论、激励理论和资源保存理论。

一、社会交换理论

（一）理论阐述

20 世纪 60 年代，随着心理学、经济学和社会学的逐步发展，人们开始试图

---

[1] Greenbaum, R. L., Mawritz, M. B., &Piccolo, R. F. (2015). When leaders fail to "walk the talk" supervisor undermining and perceptions of leader hypocrisy. Journal of Management, 41 (3): 929–956.

解释人与社会之间的关系，为此社会交换理论应运而生。社会交换理论以互惠原则为基础，认为人的本性是以奖赏和报酬作为指导自己活动的标准，人与人之间的关系是一种交换关系。典型的理论代表人物是美国社会学家霍曼斯（Homans）和布劳（Blau）。霍曼斯认为人的一切行为实质上都是交换，因此也被称为广义的社会交换理论。布劳在霍曼斯交换理论的基础上进行了进一步发展，设定了限制性条件，即只有人们认定自己的行为能让对方给予报答的前提下，交换行为才能够发生，因此也被称为狭义的社会交换理论。社会交换理论是以互惠原则为基础，在研究组织中个体行为以及组织行为的归因过程中，成为应用最多和最广泛的理论之一。

（二）在本文中的应用分析

中央企业将员工外派境外工作期间，会对员工实施一系列措施帮助其更好地适应境外工作环境，帮助其努力达成工作目标。基于互惠原则，外派人员会根据企业提供的措施对自己形成的支持程度和关心水平，通过自己行为的努力程度、工作绩效的高低来给予企业报答，以更好地帮助企业实现战略目标。因此，在研究员工的工作绩效影响机制过程中，社会交换理论必然成为理论基础。

二、心理契约理论

（一）理论阐述

契约，实质上反映的是一种交换关系。在组织与个体形成的劳动关系中存在两种形式上的契约关系，分别是正式的劳动契约和非正式的心理契约。在劳动契约中，个体关注的是报酬，组织关注的是工作结果。在心理契约中，个体和组织关注的是双方在心理上的信任和满足。

心理契约源于社会心理学和组织行为学的研究。20 世纪 60 年代，美国心理学家阿吉里斯（Argyris）在其所著的《理解组织行为》一书中首次使用心理契约来解释雇主和雇员之间的关系，但未明确定义。之后，美国心理学家施恩（Schein）在 20 世纪 80 年代将心理契约定义为组织中每个成员和不同的管理者，以及其他人之间的关系，在任何时候都存在没有明文规定的一整套期望。虽然目前学者们对心理契约的研究视角不同，但均普遍认为心理契约是存在于组织与个体之间的一种心理互动，除了包含经济利益外，还包括促进个体实现价值，最终实现双方的共同愿景。

（二）在本文中的应用分析

结合研究内容而言，中央企业应该为外派境外工作的员工提供较为公平合理的报酬以及顺畅的职业晋升通道等，而外派员工则应该认真履行岗位职责、以饱满的工作热情投入工作任务中，中央企业与外派境外工作的员工之间最终形成命运共同体，这种彼此之间达成的义务就是心理契约。外派境外人员敬业度就是建立在这种彼此形成的心理契约基础上的，因此在解释和研究中央企业与外派人员个体之间的关系时，心理契约理论成为重要的理论基础。

三、激励理论

根据现代组织行为学理论，激励是指激发、鼓励引导人们以某种特殊方式行动的一系列动机，本质是人们去做某件事的意愿，这种意愿是以满足人们的个人需要为条件的，因此激励的核心在于对员工内在需求的把握与满足。

管理心理学认为，激励是持续激发动机的心理过程。激励水平越高，完成目标的努力程度和满意度也越强，工作效能也就越高；反之，激励水平过低，员工则会缺乏完成组织目标的动机，工作效率也会变低。

无论从哪个角度来看，激励都被认为是最伟大的管理原理。经过发展和研究，激励理论陆续形成了综合型、内容型、过程型和行为改造型四类激励理论。在此重点介绍与本选题相关的激励理论。

（一）理论阐述

1. 综合型激励理论——勒温场论

综合型激励理论既强调外在激励的重要性，也强调内在激励的重要性，为解决调动人的积极性问题指出了更为有效的途径，勒温场论就属于最早期的综合型激励理论。

勒温场论是由德裔美国心理学家勒温（Lewin）提出的，他认为每一个人都是一个场，人的心理活动是在一种心理场或生活空间里发生的。简而言之，人们的行为取决于个人所生活的空间。同时他提出了著名的勒温函数：$B=f(P, E)$，B 表示个人的行为，P 表示个人，E 表示环境。函数关系式说明，在一个人的能力和素质等要素既定的情况下，人的行为会随着自己和环境的变化而变化，会随着生活空间的改变而变化。在场论中，勒温引人物理学中"矢量"概念，认为环境对人会产生"力"的作用。因此，激励的实质就是通过改变人们所处的环境，从而对环境中的人们形成吸引力，通过"力"的作用，来改变人们的行为方向或行为强度，最终能够使组织中的人们尽最大努力实现组织目标。

2. 过程型激励理论——公平理论

过程型激励理论主要揭示从动机的产生到人们采取具体行为的过程，公平理论属于过程型激励理论。公平理论是由美国心理学家亚当斯（Adams）提出的，他认为员工的工作动机，不仅受其所得的绝对报酬的影响，而且受相对报酬的影响。该理论是研究人的动机和知觉关系的一种激励理论。一个人会自觉或不自觉地把自己的相对报酬与他人的相对报酬，或者把现在的相对报酬与过去的相对报酬进行比较，如果自己的相对报酬大于或等于别人的相对报酬，则认为是应该的、正常的、公平的；反之，则会产生不公平感，影响积极性。公平理论还认为个体工作积极性与个人所获的绝对报酬无直接必然的联系，而真正影响个体工作积极性的是他的相对报酬。

公平理论对组织成员的绩效、离职等具有很强的解释力。公平理论更加强调工作报酬相对公平的重要性，同等的报酬不一定获得同样的激励效果，只有通过与他人的投入进行比较，才能知道同等报酬是否具有相同的激励效果。如果激励机制的设计违背了公平原则，将会导致激励效果下降。

（二）在本文中的应用分析

每一个个体都不是独立存在的，需要处于一个环境当中，包括地域环境和人文环境。个体的行为也将受到个体与环境之间的相互作用，这种作用成为一种无形的力，会对个体达到目标产生影响。因此，企业和管理者通过实施一系列管理制度与措施，以期望达到改变员工的行为，从而使员工有效实现工作绩效目标。外派人员工作所在国家的政治、经济和文化生活环境与国内不同，身处如此环境之中，外派人员的心理需求也会发生变化。如果外派人员对企业提供的组织支持措施缺乏认同，或者从心理上没有感受到公平，就会直接导致其工作绩效下降。因此，在研究组织支持感对外派人员工作绩效影响作用时，有必要关注外派人员所处环境以及企业实施的措施是否发挥了应有的激励作用，激励理论也必然成为本研究的理论基础。

四、资源保存理论

(一) 理论阐述

社会学习理论认为,当个体能够建立起可获取更多资源的个体特征和社会地位,且能维持这些资源免遭损失时,个体成功的可能性就会越大。基于这一逻辑,Hobfoll 提出了资源保存理论 (Conservation of Resources theory,简称 COR),该理论的基础假设是:人们总是在积极努力地维持、保护和构建他们认为的宝贵资源;这些资源的潜在或实际损失,对他们而言是一种威胁。① 这些资源包含物质性资源、条件性资源、能源性资源和人格特质四大类。在假设前提下,资源保存理论认为个体拥有的资源越多,越不容易遭受资源损失所带来的影响,而且将会更有能力获取新的资源,反之亦然。由此,资源具有丧失螺旋和增值螺旋两种效应。丧失螺旋是指,当缺乏资源的个体丧失一些资源后,会受压力所带来的影响,进而引起另外资源的连带损失,从而形成螺旋式资源丧失。反之,拥有丰富资源的个体将更有能力获取更多的资源,带来资源的保值增值,从而形成增值螺旋。学者们广泛将其应用于工作倦怠研究,以工作需求和工作资源为视角,提出了"工作需求—工作资源"模型 (Job Demands-Resources model,JD-R Model)。

(二) 在本书中的应用分析

中央企业对外派人员提供的组织支持实际上就是一种资源,这种资源会为中央企业中的外派人员带来积极工作的动力,对企业中的个体具有重要价值,会激发其对企业和企业目标产生认同,进而会引发积极的工作绩效,可以产生资源的增值,如工作绩效的提高,从而产生增值螺旋效应。从另一个角度来看,也就降低了企业中的个体陷入丧失螺旋的概率。认同、投入等要素都是敬业度的重要维度,会对工作绩效产生影响。同时,基于资源保存理论建立的"工作需求—工作资源"模型是目前研究敬业度使用最为广泛的模型,因此是研究组织支持感、敬业度和工作绩效之间影响机制的重要理论基础。

---

① 曹霞,瞿皎皎. 资源保存理论溯源、主要内容探析及启示 [J]. 中国人力资源开发,2014 (15):76.

第三章

现状分析与案例研究

第一节　中央企业现状分析

一、主要做法

2014 年 9 月，国务院国有资产监督管理委员会企业分配局启动了"中央企业境外单位职工收入分配管理"课题的研究工作。通过调查和了解，中央企业在国际化进程中，不断加强企业的本土化能力，化口碑为助力。在"走出去"和落实国家"一带一路"倡议的过程中，积极投身东道国社会发展，履行企业义务，对外展示了负责任的中国企业形象，持续打造企业知名度和美誉度，使中央企业国际化之路更加顺畅。

目前，中央企业外派人员主要来源于本企业的境内单位，主要包括高级经营管理、专业技术人员等，并以外派劳务作为辅助岗位的补充形式。截至 2013 年 12 月，五家能源行业的中央企业在境外用工数量共达 14308 人，如表 3-1 所示。

表 3-1　部分能源行业中央企业外派人员情况表

单位	单位类型	境外用工	外派人员	外派人员比例	本地化员工	本地化员工比例
合计	—	14308	2482	17.35%	11826	82.65%

续表

单位	单位类型	境外用工	外派人员	外派人员比例	本地化员工	本地化员工比例
国家电网公司	分支机构	38	38	100.00%	0	0.00%
	全资	493	28	5.68%	465	94.32%
	小计	531	66	12.43%	465	87.57%
中国华电集团公司	全资	421	296	70.31%	125	29.69%
	控股	214	137	64.02%	77	35.98%
	小计	635	433	68.19%	202	31.81%
中国广核集团	控股	302	68	22.52%	234	77.48%
	小计	302	68	22.52%	234	77.48%
中国长江三峡集团公司	分支机构	3552	775	21.82%	2777	78.18%
	全资	163	71	43.56%	92	56.44%
	控股	39	14	35.90%	25	64.10%
	小计	3754	860	22.91%	2894	77.09%
中国有色矿业集团有限公司	全资	1345	423	31.45%	922	68.55%
	控股	7741	632	8.16%	7109	91.84%
	小计	9086	1055	11.61%	8031	88.39%

资料来源：根据能源行业中央企业境外单位职工收入分配情况报告资料整理。

外派人员是中央企业国际化业务的开拓者和实践者，外派人员的管理直接关系企业国际化的成败。近年来，中央企业不断重视和加强对外派人员的管理，为外派人员陆续采取了一系列政策措施，主要表现在以下四方面。

第一，在"选才"上：创造有利于外派人员脱颖而出的政策环境。

做好外派人员的选拔和职位管理，实现人适其岗，是做好外派人员队伍建设的第一步。近年来，中央企业按照以人为本、以德为先、人岗匹配、择优竞选的原则，规范外派人员选派程序，科学设立选拔标准。以设定的外派职位任职资格为依据，采取组织调配、公开招聘等方式公开、公平、公正选拔外派人员，真正做到人得其事、事得其才。如国家电网公司建立了外派人员选拔竞聘机制，驻外机构根据业务发展和人员轮换情况，提出人员需求及任职条件，公司在全系统范围采取集中选拔、公开招聘等方式，择优选拔确定外派人员，实现外派人员在全公司范围内的优化配置。

同时，中央企业在对外派人员职位管理上更加科学。如中化国际（控股）股份有限公司，通过岗位评估确定岗位价值，以岗位价值作为薪酬福利分配的基础，进行内部公平性比较和外部竞争力比较。岗位职级体系把员工职业发展中面临的小"h"模式，转换成大"H"模式，① 避免员工只为行政管理头衔而发展，为外派人员选拔创造良好的政策环境。

第二，在"用才"上：建立集中统一、依法规范的外派人员管理体系。

中央企业普遍建立了以劳动合同管理为核心，以岗位管理为基础的用工机制。通过建立健全规章制度、构建和谐的劳动关系，职工权益得到了较大保障，成为我国目前企业劳动关系稳定的基石。在对外派人员的使用上，以劳动关系为纽带，以依法合规为硬约束，统一用工管理主体，建立了集中领导、统一协调、分层管理的外派人员管理体系。外派人员一般与派出单位签订劳动合同，由派出单位统一负责外派人员的组织关系、劳动关系、薪酬福利等管理工作，避免出现多头管理。

如中国广核集团，外派员工一般与派出单位签订劳动合同，通过签订《国际派驻补充协议》对派驻期限、常驻时间、工作地点、家庭所在地等相关事项进行约定，确保外派人员派得出、留得住、回得来，为外派人员消除思想上的波动。稳定的劳动关系、依法规范的内部管理体系，已成为吸引越来越多的人才选择中央企业的原因。

第三，在"励才"上：构建以绩效为导向的激励约束型外派人员奖惩机制。

随着内部改革的不断深化，中央企业结合国际化业务性质和特点，陆续按照以业绩为导向，建立健全了境外企业负责人业绩考核体系和覆盖所有外派人员的全员绩效管理体系，全面提升企业绩效管理水平，形成了绩效管理长效机制。不断深化绩效考核结果应用，将绩效评价结果应用到薪酬分配、评优评先，

---

① 小"h"：将员工职业发展分为行政管理系列和专业技术系列两条通道，但两条通道的发展是不平衡的，专业技术系列发展通道短于行政管理系列发展通道，不能与行政管理系列享有同等的发展机会和岗位层级。大"H"：双通道职业发展路径。行政管理系列和专业技术系列两条发展通道是平行和平等的，两条通道的员工享有平等的地位、报酬和职业发展机会。外派工作经历可以计算为专业技术年限，在专业技术系列通道发展。

员工职业生涯等各方面，实现了绩效考核与薪酬分配、岗位晋升的良性互动，促进企业与员工的共同发展。

如中国建筑工程总公司，通过实行严格的工作目标责任考核与薪酬挂钩，建立了目标责任横向到边、纵向到底的考核体系，将压力层层传递落实到基层企业、项目和每一位员工。实现了集团内目标考核全覆盖，收到了"人人有指标，人人讲成本，人人重实效"的效果，并通过"年初定目标、年中有检查、年末有述职、全年有考核、考核有兑现"的强力执行，形成了集团整体目标与企业目标、部门目标和个人目标的叠加效应。这种"金条（奖励）+老虎（处罚）"考核兑现机制的建立，极大地激发了集团内部各级管理人员和全体境内外员工的创造力。

第四，在"育才"上：搭建平台，创新多元化的外派人员培养体制。

人才是企业发展的核心竞争力。近年来，中央企业根据国际化发展战略要求，大力实施人才强企战略，以国际化人才需求为切入点，以素质提升为着力点，以队伍建设为落脚点，通过搭建差异化培养平台，创新人才培养模式，加强人员培训力度，针对性开展专业化管理、技术人员语言培训，逐步打造出一支数量充足、作风过硬、素质优良、技术精湛的国际化人才队伍。

如中国第一汽车集团公司，积极推进国际化培训，陆续遴选了 600 多名班组长到一汽大众、一汽丰田等合资企业进行伴随式培训，让他们结合实践学、带着问题学，既学习了先进的工艺技术和现场管理经验，又解决了自主品牌体系制造技术难题。中国有色矿业集团有限公司针对外派员工在职学历教育难的问题，与北京科技大学签订合作协议，请大学教授到非洲授课，并成为国内高校首例在非洲召开毕业典礼颁发学历证书的企业。

二、存在的问题

虽然中央企业为外派人员提供组织支持性措施的一些做法，有效激发了外派人员的创新力和创造活力，为企业发展注入了无穷的推动力，有力推动了国际化业务的快速发展，但仍然存在一些问题有待完善。

第一，对外派人员生活上的关心与互动性的措施不足。

组织支持感来源于个体对组织的总体感知，虽然中央企业对外派人员实施了驻外津补贴、配偶补助、子女在外教育津贴及定期休假等一系列薪酬福利保障制度，但激励的作用正在逐年下降。外派人员所处海外，工作环境与国内存在较大差异，外派人员在心理上往往承受着一定压力。而目前，中央企业对外派人员回任后面临的生活、工作及环境等方面的再适应缺乏必要的支持性措施，会导致外派人员心理上的巨大落差。同时，组织的领导者常常被视为组织的化身和代表，会直接对外派人员的组织支持感产生极其显著的正面影响。但现有做法中，缺乏鼓励外派基层人员与其直接主管之间建立更好的信任及支持关系的措施，如果彼此之间缺乏良好的互动与彼此之间的支持，外派人员就很难对组织方面的支持措施产生良好的认知与知觉。

第二，组织支持措施的针对性和灵活性不强。

目前 80 后及部分 90 后新生代员工陆续成为企业发展的主力，他们普遍具有更强地接受和适应新事物的能力，学历教育层次较高、自主意识比较突出，更加看重自我价值的实现。而中央企业现有制定和实施的政策措施往往是"一盘棋"，标准、步骤都已清晰界定，驻外机构往往只是照章执行即可。这就使政策措施忽略了外派人员的个体需求，驻外机构在政策落实上缺乏一定的自主空间，政策措施的灵活性严重不足。如果单一僵化的措施不能让他们感受到足够的组织工作支持和价值认同，不能在一定程度上满足其多层面的需求，这批新生代外派人员就会降低对组织的感情承诺，视当前的企业为"跳板"，往往最终导致他们离职。因此，中央企业在制定组织支持性措施上，要正视外派人员个性和自我需求的不同，正视员工的个体差异和心理需要，提升政策的针对性与灵活性。

第三，较多关注程序公平，在激发外派人员自主性和主动性上尚有欠缺。

中央企业制定的现行规章制度和政策措施，绝大多数都比较规范，特别是在涉及员工个人权益事项，如资源分配的方法及程序上都注重公平和公开。但从另一个角度来看，这些统一规范的政策在有些方面也会阻碍员工个体的自主性发挥。境外环境的复杂性决定了在绝大多数情况下，外派人员需要自我处置面临的各种突发性问题。而且，随着外派人员年龄的低龄化，他们认为自己与企业是平等的，更加看重和追求一种自主性开展工作的体验感，更加关注上级主管的能力和人品要求。因此，支持性措施应该更加有助于激发外派人员的自主性和主动性，让外派人员由"不关我的事"转变为"有我请放心"。

第二节 案例分析——中央企业 Z 公司的改革实践

一、Z 公司概况及组织机构设置情况

本案例中的 Z 公司最早成立于 20 世纪 50 年代，前身是国家某部委援外机构，20 世纪 80 年代启用现名，是国家最早参与国际经济合作的中央国有企业。目前，Z 公司业务已经遍布全球 80 多个国家和地区，在 31 个国家和地区常设有驻外机构，境外从业人员 2 万余人，超过七成为外籍人员，在部分国家开发的项目已经成为国家间友谊的象征。经过多年的改革发展，Z 公司本部现有管理人员 500 余人，外派常驻境外人员 200 余人，形成了母子公司管理体制。

二、主要做法

Z 公司按照国际化战略目标，将人才队伍建设放在各项工作之首，坚持科学发展观、人才观和正确的业绩观，以改革创新为动力、以强化管理为保证，按照"围绕一条主线、搭建两条通道、深化三项制度改革"的总体思路，深入推进外派人员管理各项工作。围绕一条主线：始终围绕公司的经营战略，把服从服务于公司的中心工作贯穿于人力资源管理工作的全过程。搭建两条通道：建立符合境外业务需要的境内外岗位体系，为外派人员发展搭建顺畅的职业通道，更好地激发外派人员的工作热情。深化三项制度改革：始终深化劳动、人事、分配三项制度改革，从科学性、系统性的高度开发和配置人力资源，构建适应境外业务发展的劳动用工、收入分配和人员管理工作体系，实现制度化和规范化，提高人才工作效率。

第一，以制度建设为抓手，提升人力资源管理水平。

Z 公司结合近几年的工作实际以及现有制度在运行中暴露的问题，对人力资源管理制度体系进行了全面修订与完善。共涉及 40 个制度，其中，新增制度 12 个，含二级制度 2 个，三级制度 10 个，修订制度 20 个，前期已颁布实施制度 8 个。涉及绩效考核、境内外员工管理、薪酬福利管理等类别。为做好制度修编工作，Z 公司人力资源部高度重视，责任到人，制订了制度修编计划表，认真研读国家有关政策及上级主管单位的相关规章制度，吃透理解政策和制度精

髓，以便更好地做好制度衔接工作。以"内思外学、提高创新、高质高效"为基本原则，通过前期内部调研、召开座谈会等形式，广泛听取境内外员工的意见，重点对制度在以往执行过程中存在的问题、制度之间无缝衔接问题、涉及面较广的制度等进行了重点关注。在形成初稿后，又多次召开研讨会广泛听取干部职工的意见和建议，对初稿进行修改和完善，从而确保各项人力资源管理工作有章可循。

第二，深化岗位管理，建立境内外统一的岗位职级体系。

本着向境外一线员工倾斜、向骨干倾斜的原则，使岗位设置更有利于人才的阶梯式培养，激励员工工作，Z公司建立了新的境外员工岗位设置管理体系。通过建立健全外派人员岗位序列，以岗位设置促进管理，以职级通道激发外派人员的绩效产出。在制度设计中，对外派人员职级建立梯级晋升机制，在职级上与境内岗位层级对应，以填补外派员工在境内职级上的空缺，为其职业发展搭建制度的通道。

第三，建立适应跨国经营特点的外派人员培养模式。

Z公司探索以青年员工为主体的全员覆盖式培训。培训方式向境外一线延伸，针对不同年龄层和岗位的员工，开展了外语、投资、招投标类培训。将培训效果好、员工参与性高的培训项目常态化。对新入职的员工，除了安排企业文化、业务工作等方面的培训课程外，还设置了国际项目管理、国际商务谈判、境外文化与公共关系、实务案例交流分析等十余类内部课程。此外，还采取"导师培养"制，对初次外派人员进行专业指导，加快境外青年人才培养，充分利用一线实践磨砺培养了优秀管理人员。从一名实习员工成长为境外中高层管理人员，Z公司在外派人员不同的成长阶段配备了不同层级和工作经验导师，如表3-2所示。

第四，探索符合外派人员特点的激励约束机制。

Z公司不断深化收入分配制度改革，探索符合外派人员特点的激励与约束机制，实施了外派人员特殊津贴制度。"十二五"时期，又在总结以往工作经验的基础上，配合岗位体系改革，构建了绩效优先、权责明确、公平公正、可持续发展的新外派人员薪酬福利与考核体系。建立起了境内外标准化薪酬结构体系，使境内外薪酬形成了基本对应关系，同时实施境内外薪酬联动机制，实现了境内外薪酬根据整体经营效益同步联动调节。进一步明确了外派人员较为关心的薪酬币种、结算汇率及福利缴费基数确定原则。还建立了外派人员休假、反探亲、带配偶等规定。在约束机制上，建立了统一的驻外高层管理人员绩效考核体系。通过设置绩效浮动年薪系数，加大了驻外高层管理人员对驻外中层及以下员工的管理与绩效考核力度。

表 3-2　外派人员培养阶段表

培养导师	受培养人	受培养平均周期	职业发展阶段
公司、部门领导	驻外高层正职	2 年	岗位提升阶段
驻外高层正职	驻外高层副职	3 年	提拔培养阶段
驻外高层副职	驻外中层	3 年	自我提升阶段
驻外中层	驻外高级员工	2 年	基础培养阶段
驻外高级员工	驻外中级员工	2 年	基础培养阶段
驻外中级员工	实习员工	1 年	基础培养阶段

三、成效分析及存在的问题

（一）公司改革成效

Z 公司通过实施一系列针对外派人员的支持性改革措施，取得了一些积极成效。从 Z 公司层面来看，主要表现在以下四方面。

第一，国际化人才培养措施取得成效，在人才队伍结构建设方面取得了可喜的进展，人员构成更加合理。改革实施后，Z 公司为员工创造了良好的职业发展环境，增加了员工的发展空间。1 人获批国务院政府特殊津贴，5 人荣获"优秀国际工程项目经理人"称号，4 人荣获"资深翻译家"荣誉称号，13 人被上级主管单位聘为"评标专家"，3 人被认定为"水力发电科技专家"。这些人员全部具有丰富的外派工作经历，而这些经历为他们的职业发展积累了宝贵的财富，丰富了他们的人生阅历。

第二，外派人员普遍表示，公司通过实施一系列改革举措为他们提供了必要的组织支持。在驻外工作期间，生活物资保障、工作与生活基础设施建设等较为完备。驻外前和驻外工作期间，公司提供了必要的培训和指导，岗位体系设置预留了晋升空间，薪酬福利保障水平较改革之前也有所提高，外派人员对公司实施的一系列改革措施和做法表示认同和支持。

第三，外派人员中获得年度考核优秀等次的人员比重稳步提升，人员流失率稳步下降。Z公司通过对改革前后的统计分析发现，外派人员年度考核获得优秀等次的人员比例由32%上升到43%，而外派人员流失率由34%下降到25%。这一升一降的背后，充分说明了Z公司对外派人员采取的各项改革措施发挥了积极作用。

第四，公司整体效益稳步提升，实现了公司与员工的共同成长。Z公司的营业收入由65亿元增加到88亿元，增长了近四成。员工薪酬福利保障水平也逐年提高。通过创造和谐的企业环境，突显以人为本、关爱员工、凝聚人心的企业文化，被人力资源和社会保障行政部门授予省级"和谐劳动关系企业"荣誉称号。改革措施的实施，不仅是让员工受益，而是要让员工见证公司取得成绩，让他们相信公司的决策、相信公司的目标、相信公司的前景，从而形成公司与员工共同和谐发展的良好格局。

（二）存在的问题

Z公司认为在看到改革措施取得成效的同时，也要清醒认识到各项管理工作与公司员工，特别是外派人员的期待还有不小的差距，还面临着不少的困难。为此，Z公司特别收集了来自基层员工和中高层管理者的意见，以便更加完善各项管理措施，助力企业更好更快发展。

1. 基层员工的意见

为深入了解员工，特别是外派员工对公司实施的一系列改革措施的切身体会，Z公司人力资源部设计了简要的访谈提纲，委托专业第三方对外派人员进行了访谈。委托外部第三方进行访谈，可以最大程度打消外派人员的顾虑，以便获取他们对企业采取的组织支持政策的真实感受，切实保证和提高访谈的质量，访谈提纲如表3-3所示。

通过第三方的反馈显示，接受访谈的人员有138人，对境外人员主要采取视频访谈的形式。对部分正在回国休假、出差的外派人员进行了面对面的访谈，访谈人数超过常驻境外人员总数的60%。访谈结果显示，外派人员认为Z公司采取的组织支持性改革政策还存在以下问题。

表3-3　访谈提纲

访谈问题
1. 您觉得公司平时对您提供了支持吗？如有，都有哪些方面的支持？还有哪些方面的欠缺？
2. 您觉得公司关注您的个人利益吗？具体体现在哪些方面？还有哪些方面的欠缺？
3. 您觉得公司认可您的个人价值和发挥的作用吗？
4. 您觉得自己在工作中状态如何？是否会影响到完成工作任务呢？
5. 您是否认可上级的领导风格？感觉和同事之间的关系融洽吗？

第一，公司在关心外派人员个人生活利益上还有提升的空间。比如，在对外派人员生活上的关心还不够，很多年轻单身员工面临结婚的问题。现有的薪酬制度缺少对员工额外贡献的奖励机制。虽然制定了休假制度，但休假周期较长，反探亲和带配偶等方面的条件也较为苛刻，发挥作用有限。

第二，与中层和基层外派人员相比，公司更认可外派高层管理人员的价值。由于驻外工作的特殊性，大家更多地是完成自己的分内工作，并希望能够得到上级领导的认可，工作效率还有一定的提升空间。

第三，不同层级外派人员之间的积极互动有限。由于驻外工作的环境与境内有所不同，外派人员彼此之间较为团结，上下级之间、同事之间人际关系融洽，相处也较愉快。如果能够加强外派基层人员与上级主管之间的互动，如鼓励上级主管通过更多公共行动等形式来肯定员工的贡献，这样可以促进企业和员工的共同成长。大家在不涉及个人及工作利益的前提下，彼此愿意互相帮助。特别是在个人生活方面，愿意提供力所能及的帮助。

第四，公司现有的支持更多还是限于物质和工作层面，对外派人员精神层面和生活层面的支持不足。如果公司能够在成本可承受范围内，在工作和生活上，如个人价值奖励机制、外派人员子女入托、家人慰问、长期驻外心理干预等方面再提供一些必要的帮助和支持，他们会进一步增强对公司的归属感和荣誉感，愿意长期成为公司一员并积极主动开展工作，努力提升工作绩效。

2. 中高层管理者的意见

本次研究特别对部分中高层管理者进行了非结构化访谈，访谈的主题范围是改革的初衷、对外派人员管理、工作绩效提升和组织管理等方面的有关想法和意见。接受非结构化访谈的对象包括总经理、党委书记、总经济师兼人力资源部主任、经营管理部主任、非洲业务二部副主任。通过整理访谈内容，中高层管理者们的意见普遍集中于以下四方面。

第一，改革不是一劳永逸的，仍有改进空间。员工是企业发展的重要基础。作为中央企业，Z公司始终妥善处理好国家、企业和员工三者间的利益关系，积极履行社会责任，依法保障和落实广大员工的各项权利。在公司成本可承受能力内，采取措施关爱员工，确保员工能够共享公司改革发展的成果。但是限于体制原因以及公司内外部各种因素的制约，现有的公司制度和措施仍然与外派人员的期望有所差距。问题所在就是努力方向，在公司未来的改革发展中要切实加以研究解决。

第二，由于缺少比较系统的研究和数据支持，现行公司政策在制定时是考虑的大多数员工群体的情况，在实施中也暴露出了一些个性化的问题。员工利益无小事，个人情绪受到影响将会直接导致工作质量和工作效率的降低。特别是在境外工作，可能还会引发一些其他敏感性的问题。

第三，政府应该给予有关政策支持，更好地促进企业和人员"走出去"。但目前在很多方面还存在着不足，很多政策红利没有能够完全释放，一些涉及外派人员切身利益的政策还比较陈旧。如在个人所得税方面，目前我国境外所得个人所得税征收办法依旧执行的是1998年《境外所得个人所得税征收管理暂行办法》（国税发〔1998〕126号），按照个人所得税法及实施条例的规定，境外所得起征点为4800元。这个起征点已远远不能适应我国经济社会的快速发展，征收管理方式陈旧、起征点设置过低，且新的个人所得税法实施后，境外人员税负依然偏重，这些都将严重打击"走出去"企业和外派人员的积极性。

第四，政府在人才政策上的定位问题。随着政府简政放权的大力推进以及有关深化人才体制改革等政策出台，公司正在积极推进内部各项改革。目前政府相关部门在为企业提供人才服务和政策扶持等方面的力度还不大，有些管得过细，有些过于强调理论性而忽视了企业的实际情况，因此希望能够通过各种渠道向政府相关部门反映，能够让政府相关部门真正了解企业、服务企业。

总而言之，随着我国经济社会的快速发展，国民的幸福感也逐年提升，国内环境的改善使得人员外派和驻外工作的难度与日俱增，特别在一些工程建设行业领域，部分企业陷入了驻外人员轮换困难的窘境。中国企业联合会发布的《2021中国跨国公司100大及跨国指数报告》显示，我国跨国企业的平均跨国指数为15.07%，还仅仅处于国际化经营的初级阶段，与世界级跨国公司相比还有

较大的差距。Z 公司不断深化改革，实施了一批支持性政策措施，保证了外派
人员队伍的基本稳定。通过对中央企业 Z 公司改革措施的成效分析，便于进一
步总结经验、正视不足，为未来更好地改进工作，提升管理水平，增强中央企
业外派人员的组织支持感而提供有益的借鉴。

第三节　国外跨国公司的做法与经验借鉴

一、美国航空公司

美国航空是世界上最大的航空公司，航线遍布美国本土 150 个城市及世界
40 个国家，全球员工人数将近 40 万。

美国的跨国企业普遍重视对外派人员提供跨文化的支持，跨文化指导贯穿
外派工作的全过程。特别是在外派人员的回任阶段，更加强调消除逆文化冲击
对外派人员的影响，帮助外派人员在回国后能够从事更加适合的工作，更快适
应回国后的工作节奏和生活，提升外派人员的留职率。在为外派人员提供跨文
化支持的同时，注重员工的本地化，在业务经营所在地招聘录用当地员工，以
优厚的薪资福利吸引当地优秀人才加盟企业并促进公司与个人的共同成长。这
样做，一方面，有利于公司拓展不同国家和地区的业务；另一方面，能够减少
因文化差异而造成的沟通障碍。

在外派人员回国的前 3 个月，公司会对他们提供心理援助计划，即 EAP
（Employee Assistance Program）计划。早在 20 世纪初，美国企业就已经开始实
施此项计划，用来提高员工的工作绩效。美国航空公司主要采取导师制和专业
咨询两种培训模式，内容包括公司的经营情况、内部管理情况、住房、教育、
物价等方面，同时对外派人员回国后可能遭遇的种种不适进行心理疏导，使其
顺利度过回国后的文化休克期。

另外，公司还比较重视为核心员工提供良好的职业发展通道，除薪酬激励
措施外，还采取非薪酬激励措施，认同年轻员工的工作业绩，鼓舞他们的士气。
在工作内容安排上，注重丰富外派人员的工作内容，增加工作新鲜感。注重提
高员工横向沟通能力和跨部门协作能力，以有效提升员工个人的工作积极性，
从而促进工作效率的提升。

二、日本日立集团

日立是日本一家全球最大的综合型跨国集团，在 2012 年美国《财富》杂志评选的全球最大 500 家公司的排行榜中排第 38 名。

日立集团旗下拥有多个部门和机构，普遍采取事业部制。在这种组织结构下，各事业部具有一定独立的经营管理权，集团允许实施符合自身实际的绩效管理政策。日本社会的等级结构比较森严，员工需要对上级主管绝对服从。在这样的文化背景下，日立集团对外派人员的培训仍然主张自主的方式。

在日立集团看来，培养人才、注重人才开发是企业经营的最重要课题之一，没有人才的培养，也就没有企业的发展。为此，日立集团搭建了完备的培训体系，包括在岗培训、脱产培训和自我教育三方面。根据培训对象的不同，又分为经营管理人才培训、专业技术人员培训、生产技能培训和国际化教育与语言培训。其中，国际化教育是日立集团专门为从事国际商务有关工作的人建立的培训，培训课程主要包括国际经济与交易、商务谈判、境外经营管理、国际法等方面的课程。另一种是以长期派驻海外的人为对象，主要有海外派遣、美国情况、中国情况、亚洲情况、欧洲情况和派遣者夫人海外生活培训等课程。国际化教育和语言培训主要是为了提高职员的外语水平，掌握沟通技巧和商务交谈方法，提高日立公司职员的国际化意识。[①]

鼓励外派人员学习新的技术知识，外派人员还可以根据工作需要和自己的兴趣申请参加相关的培训项目。同时，为外派人员开发了专门的语言课程和入职引导培训项目，帮助外派人员较为顺畅地融入所在国家的文化，便于沟通和顺利开展工作。

三、韩国三星公司

三星集团是韩国最大的企业集团，三星电子是集团旗下最大的子公司，业务遍布亚洲、欧洲、美洲等地区，员工已超过 30 万人。三星在 2015 年的"世界最受尊敬企业排行"中排第 30 名。三星在人才经营理念、对外派人员的培训和绩效管理方面实施了一系列举措。

在人才经营理念上，三星前总裁李健熙将"人才经营"战略定义为：重视

---

① 管积勤.日立公司的人才培养特色［J］.人才资源开发，2004（8）：26.

天才，善用人才，敢用奇才、怪才。三星将包含外派人员在内的核心人才分为三级：S 级（Super）、A 级（Ace）和 H 级（High Potential）。三星规定，公司 CEO 们每年 30% 的绩效评价都将取决于他们为公司吸纳和保留了多少 S 级人才。对于核心人才的使用，三星直接赋予他们管理职责，让他们担任部门负责人。

在外派人员培训方面，三星电子不拘泥于传统的语言和技能上的培训，而是更加关注外派人员的适应性培训。在外派的前一周，三星电子会对外派人员实施引导培训项目，旨在帮助其更好地了解拟外派国家的文化和其他重要情况。同时，专门设计和开发了一个内部网站，为外派人员提供多种信息，帮助他们及时查询，以便能够尽快适应所在国家的环境。对于外部引进的人才，最长提供长达一年半的培训，让他们平稳度过适应期。

在绩效管理方面，三星电子设定了两个评估系统。一个是胜任力评估系统，每年 9 月进行评估，重点是鼓励外派人员不断学习和掌握新知识，提高工作水平。另一个是绩效评估系统，每半年评估一次，重点是对外派人员的工作任务完成情况进行考核。这两种评估，首先都是规定由外派人员进行自评，起到鼓励员工提高自我开发能力和鼓舞员工工作士气的目的。另外，绩效评估后，外派人员有机会和自己的直接主管在一种开放和愉快的氛围中进行绩效面谈，真诚交换彼此的意见。

在《福布斯》发布的 2017 年度"全球最具价值品牌"中，三星以 382 亿美元跻身全球前十。通过不断深化改革，三星成功将企业最高经营者的价值观理念传递给基层员工。"我们必须全力以赴完成工作""追求第一，一切以成果为本"已经成为三星员工共同的价值观。①

综上所述，国外跨国公司对外派人员提供的支持性措施更加关注外派人员个体，主要有以下两点经验值得借鉴和参考：一是关注外派人员自主性的发挥和价值实现。比如，在设定绩效考核指标和培训项目的选择上，充分发挥外派人员的主动性和积极性，凸显个人价值，体现彼此的理解和尊重。提供全方位符合外派人员特点的培训，提升外派工作和生活技能，同时让外派人员能够全面了解并接受企业的价值理念。二是主动关注外派人员的生活。比如，提供心理援助计划，对外派人员采取主动的支持性措施，让他们能够切身感受到组织对他们的关怀，减轻职业压力感，增强归属感。

---

① 彭剑锋. 三星：人才经营解密（下）[J]. 中外企业文化, 2015 (10)：59.

第四章

研究理论模型构建与设计

第一节　研究模型构建

一、理论模型

2001 年，随着积极心理学的发展，德默罗莉（Demerouti）等人基于社会交换理论和资源保存理论首先提出了"工作需求—工作资源"模型（Job Demands-Resources model，JD-R Model）。2004 年，沙乌费利和巴克将敬业度这一变量引入模型中。2007 年，萨普罗（Xanthopoulou）又将个人资源（如乐观、自尊等）纳入模型中，对模型进行了扩展。通过研究表明，工作资源和个人资源对敬业度产生了积极作用。

2008 年，在总结以往学者研究的基础上，巴克和德默罗莉通过分析整合，提出了完备的"工作需求—工作资源"模型。"工作需求—工作资源"模型是目前在研究敬业度过程中使用最为广泛的模型，该模型表明，工作资源和个人资源可以分别或者共同对敬业度变量产生影响，工作要求将会发挥中介调节作用。当工作要求较高时，工作资源和个人资源就会对敬业度产生积极的影响，进而影响工作绩效水平，带来高绩效。高绩效将会反作用于工作资源和个人资源，再次对敬业度产生积极影响，从而达成一个螺旋式上升的循环过程①，如图 4-1 所示。

---

① BAKKER A B, DEMEROUTI E. Towards a model of work engagement [J]. Career Development International, 2008, 13 (3): 209-223.

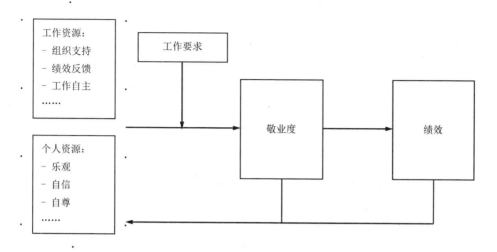

图4-1 完备的"工作需求—工作资源"模型

二、模型构建

通过前文对相关理论和国内外文献研究成果的分析可知，研究组织支持感、敬业度与工作绩效之间的影响机制是可行的。本文将组织支持感设定为自变量、敬业度设定为中介变量，领导虚伪感知设定为调节变量，工作绩效设定为因变量。同时考虑组织中的个体对组织提供的支持在进行感知后，再进而转化为改善工作绩效的行为。这种个体的感知与改善行为是否也因人而异，是需要进行探讨的。

因此本书以"工作需求—工作资源"模型为基础，引入人口统计学变量后构建了研究模型，如图4-2所示。

三、研究假设的提出

根据拟研究探讨的问题和构建的研究模型，本文拟提出以下研究假设以及假设下的若干子假设：

H1：组织支持感与外派人员工作绩效呈正相关。

H1a：工作支持与外派人员工作绩效呈正相关。

H1a1：工作支持与任务绩效呈正相关。

H1a2：工作支持与关系绩效呈正相关。

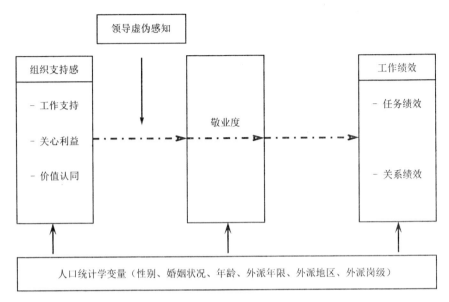

图 4-2 研究模型

H1b：关心利益与外派人员工作绩效呈正相关。

H1b1：关心利益与任务绩效呈正相关。

H1b2：关心利益与关系绩效呈正相关。

H1c：价值认同与外派人员工作绩效呈正相关。

H1c1：价值认同与任务绩效呈正相关。

H1c2：价值认同与关系绩效呈正相关。

H2：人口统计学变量会对组织支持感、敬业度和工作绩效产生影响。

H2a：人口统计学变量会对组织支持感产生影响。

H2b：人口统计学变量会对敬业度产生影响。

H2c：人口统计学变量会对工作绩效产生影响。

H3：外派人员敬业度在组织支持感和工作绩效之间发挥中介作用。

H4：组织支持感与外派人员敬业度之间关系受到领导虚伪感知的负向调节。

H5：领导虚伪感知在组织支持感经由敬业度对工作绩效的影响中发挥调节作用。领导虚伪感知程度越高，敬业度在组织支持感和工作绩效之间的中介作用越弱，反之越强。

基于假设 1 和假设 3，敬业度在组织支持感和工作绩效之间发挥中介作用，假设 4 又说明了领导虚伪感知作为一种潜在的组织资源会对员工产生影响，因此可能存在调节的中介作用。具体而言，组织支持感经由外派人员敬业度影响工作绩效的作用取决于领导虚伪感知。员工感知的领导虚伪程度越高，组织支持感对外派人员敬业度的正向影响越弱，从而使外派人员敬业度在组织支持感与工作绩效的中介作用越弱。由此，提出假设5。

四、分析方法

本书运用 SPSS21.0 软件对数据进行数理统计分析，运用以下分析方法。

1. 描述性统计分析

描述性统计分析是统计数据分析的第一步，通过分析得出样本基本特征的分布状况。

2. 信度效度分析

运用克朗巴哈（Cronbach's Alpha）值来判定内部一致性信度。运用探索性因子分析的方法来判定结构效度。

3. 差异性分析

运用独立样本 T 检验和单因素方差分析的方法，分析人口统计学变量在量表各维度上是否存在差异。

4. 相关分析

运用皮尔逊（Pearson）系数相关分析法，探讨组织支持感各维度与工作绩效各维度之间关系的密切程度，以此来判定研究变量之间是否存在相关性。

5. 回归分析

回归分析是在相关分析的基础上，对变量之间是否存在因果关系进行分析。回归分析包括一元回归分析和多元回归分析，本文运用多元回归的方法进行分析，同时对敬业度的中介作用以及领导虚伪感知的调节作用进行验证。

第二节　研究设计

一、调查问卷的设计

考虑量表的信度效度以及本文拟研究探讨的问题，本次研究均采用了国内学者编制的较为成熟的量表，在此基础上编制了预调查问卷。预调查问卷共包含六个部分，分别是问卷说明、组织支持感量表、敬业度量表、领导虚伪感知量表、工作绩效量表和个人背景信息量表。其中，组织支持感量表、敬业度量表、领导虚伪感知量表、工作绩效量表采用李克特（Likert）五点量表法来衡量被调查者对每个题目的实际感受。李克特量表是测量被调查者态度、观点类的一个标准化工具。量表中的五点分别代表：1 非常不符合、2 不太符合、3 一般、4 比较符合、5 非常符合。

1. 问卷说明

问卷说明主要包括调查的意义、调查内容和答卷说明，便于被调查者了解调查的主题、消除答题顾虑以及如何作答。

2. 组织支持感量表

预调查采用暨南大学凌文辁教授经过完善后形成的调查量表，共有 24 个题目。本文用代码 Z 表示该量表。

3. 敬业度量表

预调查采用沙乌费利设计的 UWES 敬业度量表，共有 9 个题目。本文用代码 J 表示该量表。

4. 工作绩效量表

预调查中采用摩妥威德罗设计，余德成教授验证的工作绩效量表，共包含 15 个题目。本文用代码 G 表示该量表。

5. 领导虚伪感知量表

预调查采用格林鲍姆编制的量表，共 4 个题目。本文用代码 L 表示该量表。

6. 个人背景信息量表

此部分主要是调查人口统计学变量，包含性别、婚姻状况、年龄、教育程度、外派累计年限、外派工作地区和外派工作岗位 7 个题目。

二、调查问卷的修正

问卷设计完成后，在进行正式数据收集之前对量表进行预测试分析。预测试环节发现不足并进行修正，以使研究更为科学准确。本次预测试采用在中央企业 Z 公司内部进行定点调查的方式进行，共计回收有效电子问卷 58 份。

（一）信度预测试

预测试分析使用 CITC 指标和题目删除后的克朗巴哈值进行判定。如果克朗巴哈值高于 0.8，说明量表信度质量很好。一般来说，CITC 的临界值没有统一的评判标准，一般可设为 0.4 或 0.5。本文中将 CITC 的临界值设定为 0.5。如果测试题目的 CITC 值小于 0.5，原则上应删除。若删除后造成克朗巴哈值降低，则仍需要保留该题目；如果测试题目删除后克朗巴哈值提升，则需要对此项目进行删除处理。

1. 组织支持感量表

表 4-1　工作支持维度信度分析表

工作支持维度题目	CITC 值	删除题目后克朗巴哈值	克朗巴哈值	修正意见
1. 我工作做得出色时，能引起企业的注意	0.522	0.907		保留
2. 企业非常看重我的工作目标和价值观	0.719	0.896		保留
3. 企业不会有机会就利用我	0.742	0.896		保留
4. 当我遇到问题时，都会得到企业的帮助	0.484	0.911		删除
5. 企业能同意我要求改变工作条件的合理要求	0.598	0.907		保留
6. 企业乐意在广泛的范围内帮助我尽自己的最大能力完成工作	0.718	0.896	0.908	保留
7. 企业重视我的意见	0.783	0.891		保留
8. 企业会给我提供一些晋升的机会	0.849	0.889		保留
9. 企业希望让我担当最适合我能力的工作	0.854	0.888		保留
10. 企业尽可能使我的工作充满兴趣	0.541	0.906		保留

通过分析整理，从表 4-1 可以看出，工作支持维度题目中的第 4 题"当我遇到问题时，都会得到企业的帮助"的 CITC 值为 0.484，小于 0.5，应剔除，

目剔除该题后该部分的克朗巴哈值由 0.908 提升到 0.911。

表 4-2 关心利益维度信度分析表

关心利益维度题目	CITC 值	删除题目后克朗巴哈值	Cronbach's Alpha 值	修正意见
11. 企业会理解我偶尔由于私人原因而出现的缺勤	0.498	0.861		保留
12. 企业会奖赏我在本职工作外所付出的劳动	0.631	0.846		保留
13. 企业真正地关心我的生活状况	0.655	0.842		保留
14. 企业会考虑我应得多少工资的问题	0.761	0.829	0.864	保留
15. 在我需要特殊帮助时,企业乐于提供帮助	0.536	0.857		保留
16. 在做出可能会影响我的决策时,企业会考虑我的最大利益	0.667	0.840		保留
17. 当获得更多效益时,企业会考虑增加我的工资	0.713	0.833		保留

通过分析整理,从表 4-2 可以看出,关心利益维度题目中的第 11 题"企业会理解我偶尔由于私人原因而出现的缺勤"的 CITC 值为 0.498,小于 0.5,应剔除。但剔除该题后,该部分的克朗巴哈值由 0.864 降低至 0.861,因此该题仍保留。

表 4-3 价值认同维度信度分析表

价值认同维度题目	CITC 值	删除题目后克朗巴哈值	Cronbach's Alpha 值	修正意见
18. 企业认为我离职将是不小的损失	0.791	0.880		保留
19. 企业认为一直把我留在企业将起到不小的作用	0.746	0.886	0.904	保留

价值认同维度题目	CITC 值	删除题目后克朗巴哈值	Cronbach's Alpha 值	修正意见
20. 如果我失业了，在合适的时候，企业会召回我而不是招个新人	0.879	0.869		保留
21. 企业不会因为能以较低的工资招聘到别人来代替我而就辞退我	0.573	0.904		保留
22. 在我要求离职的时候，企业会挽留我	0.817	0.882	0.904	保留
23. 如果我的工作被取消了，企业会把我安排到新岗位而不是与我解除劳动关系	0.514	0.910		保留
24. 企业对我在工作中所做出的成就感到骄傲	0.734	0.888		保留

通过分析整理，从表4-3可以看出，价值认同维度题目的CITC值全部高于0.5，所有题目保留。

综上，经过信度预测试，组织支持感量表题目由24个优化为23个，以此作为正式量表。

2. 敬业度量表

表4-4 敬业度量表信度分析表

测试题目	CITC 值	删除题目后克朗巴哈值	Cronbach's Alpha 值	修正意见
1. 在工作时我能感到很兴奋	0.613	0.892		保留
2. 我工作时精力很充沛	0.868	0.810		保留
3. 早上起床后我就想去工作	0.868	0.810		保留
4. 我对自己的工作充满热情	0.608	0.879		保留
5. 工作激发了灵感并激励着我	0.722	0.850		保留
6. 我为自己的工作感到自豪	0.784	0.824		保留

测试题目	CITC 值	删除题目后克朗巴哈值	Cronbach's Alpha 值	修正意见
7. 企业对我在工作中所做出的成就感到骄傲	0.642	0.889		保留
8. 我愿意沉浸在自己的工作中	0.692	0.874	0.896	保留
9. 我在工作时会达到忘我境界	0.687	0.807		保留

通过分析整理，从表4-4可以看出，敬业度量表测试题目的CITC值全部高于0.5，所有题目保留，以此作为正式量表。

3. 工作绩效量表

表4-5　任务绩效维度信度分析表

任务绩效维度题目	CITC 值	删除题目后克朗巴哈值	Cronbach's Alpha 值	修正意见
1. 我会主动承担富有挑战性的工作	0.863	0.811		保留
2. 我会主动解决工作中存在的困难	0.664	0.818		保留
3. 我的工作质量很高	0.557	0.828		保留
4. 我会加班工作以准时完成任务	0.643	0.820		保留
5. 我在工作上很努力	0.340	0.844		保留
6. 我严格遵守单位规章制度	0.355	0.861		删除
7. 我坚持克服工作中的困难以便完成任务	0.590	0.827	0.844	保留
8. 我总是在规定的时间内完成任务	0.593	0.829		保留
9. 我完成工作任务时能达到上级的要求	0.504	0.833		保留
10. 我的工作效率很高	0.480	0.836		保留
11. 我的工作能够达成预期目标	0.576	0.830		保留

通过分析整理，从表4-5可以看出，任务绩效维度题目中的第5题"我在工作上很努力"、第6题"我严格遵守单位规章制度"和第10题"我的工作效

率很高"的 CITC 值均小于 0.5，应剔除。但第 5 题和第 10 题单独剔除后，该部分的克朗巴哈值将与剔除前持平或有所降低，应该予以保留。而第 6 题剔除后，该部分的克朗巴哈值将由 0.844 上升到 0.861。因此，该部分仅删除第 6 题。

表 4-6　关系绩效维度信度分析表

关系绩效维度题目	CITC 值	删除题目后克朗巴哈值	Cronbach's Alpha 值	修正意见
12. 我能公平地对待同事	0.886	0.990		保留
13. 我与同事间的关系很融洽	0.969	0.967	0.970	保留
14. 我能主动给同事提供帮助	0.947	0.955		保留
15. 我能够体贴和关心其他同事	0.925	0.943		保留

通过分析整理，从表 4-6 可以看出，关系绩效维度题目的 CITC 值全部高于 0.5，所有题目保留。

经过信度预测试，工作绩效量表测试题目由 15 个优化为 14 个，以此作为正式量表。

4. 领导虚伪感知量表

表 4-7　领导虚伪感知量表信度分析表

领导虚伪感知维度题目	CITC 值	删除题目后克朗巴哈值	Cronbach's Alpha 值	修正意见
1. 我希望我的领导能做到他所宣扬的	0.760	0.822		保留
2. 我的领导告诉我要遵守规则，但他不遵守	0.802	0.836	0.931	保留
3. 我的领导叫我做他不想做的事	0.762	0.811		保留
4. 我的领导会逃避那些我不能逃避的事	0.893	0.915		保留

通过分析整理，从表 4-7 可以看出，领导虚伪感知量表测试题目的 CITC 值全部高于 0.5，所有题目保留，以此作为正式量表。

（二）效度预测试

效度包括内容效度和结构效度。由于本文采用的量表都是借鉴已有的且较为成熟的量表，因此具有良好的内容效度。结构效度常用的方法是利用探索性因子分析，使用最大方差旋转法（Varimax）去探索检测因子旋转后的题目与各因子的对应关系情况。通常使用累积方差解释率、因子载荷、KMO 值、Bartlett's 检验等进行分析。统计学上认为，累积贡献率超过 60%、KMO 值大于 0.7 且通过 Bartlett's 检验，则可以表明量表适合做因子分析，具有较好的结构效度。

1. 组织支持感量表

通过分析整理，从表 4-8 可以看出，组织支持感量表的 KMO 值为 0.837，大于 0.7。三个因子的累积方差解释率达到 73.825%，并且通过 Bartlett's 检验，表明量表具有较好的结构效度。

表 4-8　组织支持感量表结构效度分析表

项目	1	2	3
维度	工作支持	关心利益	价值认同
特征根值	8.356	4.739	4.623
方差解释率	34.817	19.747	19.261
累积方差解释率	34.817	54.564	73.825
KMO 值	0.837		
Bartlett's 值	824.524		
Sig.	0.000		

2. 敬业度量表

表 4-9　敬业度量表结构效度分析表

项目	1
累积方差解释率	83.744
KMO 值	0.901
Bartlett's 值	1432.25

项目	1
Sig.	0.000

本文已将敬业度视为单维度，因此因子个数视为一个。通过分析整理，从表4-9可以看出，敬业度量表的KMO值为0.901，大于0.7。因子的累积方差解释率达到83.744%，并且通过Bartlett's检验，表明量表具有较好的结构效度。

3. 工作绩效量表

表4-10　工作绩效量表结构效度分析表

项目	1	2
维度	任务绩效	关系绩效
特征根值	3.043	2.663
方差解释率	38.035	33.285
累积方差解释率	38.035	71.320
KMO 值	0.790	
Bartlett's 值	124.490	
Sig.	0.000	

通过分析整理，从表4-10可以看出，工作绩效量表的KMO值为0.790，大于0.7。两个因子的累积方差解释率达到71.320%，并且通过Bartlett's检验，表明量表具有较好的结构效度。

4. 领导虚伪感知量表

表4-11　领导虚伪感知量表结构效度分析表

项目	1
累积方差解释率	81.258
KMO 值	0.826
Bartlett's 值	1023.11

项目	1
Sig.	0.000

通过分析整理，从表4-11可以看出，领导虚伪感知量表的 KMO 值为 0.826，大于0.7。因子的累积方差解释率达到81.258%，并且通过 Bartlett's 检验，表明量表具有较好的结构效度。

三、正式调查问卷的形成与施测

（一）正式调查问卷的形成

经过信度和效度预测试，正式问卷最终形成。其中组织支持感量表由23个测试题目组成，编号 Z1~Z23；敬业度量表由9个测试题目组成，编号 J1~J9；工作绩效量表由14个测试题目组成，编号 G1~G14；领导虚伪感知量表由4个测试题目组成，编号 L1~L4。问卷说明与个人背景信息量表保持不变。正式问卷详见附录。

（二）正式调查问卷施测

限于时间和精力等因素的影响，本次调查问卷采用非随机抽样法中的雪球抽样法收集调查数据。通过网络、QQ、电子邮件等渠道发放电子版问卷，共计回收问卷493份，剔除同一份问卷中答案全部相同等无效问卷后，剩余有效问卷455份，有效率为92.3%。

第五章

实证分析与假设验证

第一节　描述性统计与信效度分析

一、描述性统计分析

（一）调查样本的背景信息分析

通过对收集的 455 份有效问卷的整理分析，本次调查样本的背景信息分析情况如表 5-1 所示。

表 5-1　背景信息分析结果

统计变量	选项	频数	百分比（％）
性别	男	288	63.3
	女	167	36.7
年龄	25 岁以下	82	18.1
	25~35 岁	228	50.1
	35~45 岁	113	24.8
	45 岁以上	32	7.0
婚姻状况	已婚	336	73.8
	未婚	119	26.2

统计变量	选项	频数	百分比（%）
文化程度	本科以下	23	5.1
	本科（含双学士）	263	57.8
	研究生	169	37.1

表5-1显示，在本次调查收集的样本中，男性多于女性，男性比例为63.3%，这与外派工作的性质和特点有关。出于境外工作安全等方面的考虑，一般男性外派人员要明显多于女性。样本中45岁以下人员是主体，占比为93%。其中，35岁以下的被调查者占比68.2%，一方面，与问卷的发放途径有关，另一方面，基本与目前外派人员主体年龄符合。从婚姻状况来看，样本中已婚被调查者相对较多，比例为73.8%，与年龄分布相符合。从文化程度分布上，绝大部分被调查者拥有本科及以上学历，这也与行业和所从事的工作要求有关。

（二）调查样本个体特征分析

表5-2所示，样本中绝大部分外派人员的累计外派工作年限在10年以下，其中，5~10年的占比42.4%，这也基本符合当前中央企业外派人员的实际工作情况。在外派工作地区上，有44.8%的样本来自非洲地区，32.3%的样本来自亚欧地区，非洲和亚欧地区也是当前中央企业贯彻落实"一带一路"倡议的重点开发地区。在工作岗位分布上，中层管理者占比达到一半，占样本总数的58.9%，其次是基层员工，占比为29.2%，高层管理者占比为11.9%，这与样本的年龄分布、外派工作年限分布等基本一致。

表5-2　个体特征分析结果

统计变量	选项	频数	百分比（%）	有效百分比（%）	累积百分比（%）
外派工作年限	3年以下	39	8.6	8.6	8.6
	3~5年	165	36.3	36.3	44.9
	5~10年	193	42.4	42.4	87.3

续表

统计变量	选项	频数	百分比（%）	有效百分比（%）	累积百分比（%）
	10年以上	58	12.7	12.7	100
外派工作地区	亚欧地区	147	32.3	32.3	32.3
	非洲地区	204	44.8	44.8	77.1
	美洲地区	104	22.9	22.9	100
外派工作岗位	基层员工	133	29.2	29.2	29.2
	中层管理者	268	58.9	58.9	88.1
	高层管理者	54	11.9	11.9	100

（三）量表的描述性分析

由表5-3可以看出，组织支持感测试题目的平均值范围分布在2.72~4.46之间，整体平均水平在3.5~3.6，介于中立和比较满意之间，表明中央企业外派人员组织支持感的整体水平处于中等，还有较大的提升空间。其中，工作支持维度平均值相对较高，价值认同维度处于中等水平，而关心利益维度平均值相对较低，应给予重点关注。

表5-4显示样本的敬业度维度平均值为3.98，表明整体上处于比较敬业的水平。应该看到，多年以来，广大中央企业外派人员长期扎根境外生产建设一线，切实履行国家使命，以高度的主人翁责任感和忘我的敬业精神，为落实国家战略做出了应有的贡献。

从表5-5可以明显看出，样本在工作绩效各题项上的自我评价平均值处于3.94~4.7，整体处于偏上水平。在任务绩效和关系绩效两个维度上，关系绩效的平均得分要高于任务绩效，说明外派人员之间的关系是比较融洽的，愿意为同事提供必要的帮助和关心，这也与外派人员身处境外的环境有一定的关系。

表5-3 组织支持感量表的描述性分析结果

维度	测试题目	样本数	最小值	最大值	平均值	维度平均值	标准差
工作支持	Z1	455	3	5	4.46		0.621
	Z2	455	2	5	3.72		0.826
	Z3	455	3	5	3.93		0.704
	Z4	455	3	5	3.93		0.799
	Z5	455	3	5	4.21	3.79	0.742
	Z6	455	1	5	3.21		0.940
	Z7	455	2	5	3.92		0.797
	Z8	455	2	5	3.81		0.852
	Z9	455	2	5	2.91		0.921
关心利益	Z10	455	3	5	4.40		0.583
	Z11	455	1	5	3.06		1.233
	Z12	455	1	5	3.03		1.065
	Z13	455	1	5	3.49	3.29	0.985
	Z14	455	2	5	2.81		0.910
	Z15	455	1	5	2.72		1.054
	Z16	455	1	5	3.51		1.121
价值认同	Z17	455	1	5	3.14		1.373
	Z18	455	1	5	3.44		1.315
	Z19	455	1	5	3.01		1.402
	Z20	455	3	5	4.33	3.47	0.715
	Z21	455	2	5	3.17		0.868
	Z22	455	2	5	4.14		0.990
	Z23	455	2	5	3.07		0.935

表5-4　敬业度量表的描述性分析结果

测试题目	样本数	最小值	最大值	平均值	量表平均值	标准差
J1	455	2	5	4.47		0.767
J2	455	2	5	3.67		1.063
J3	455	2	5	4.35		0.686
J4	455	1	5	3.35		1.412
J5	455	1	5	3.16	3.98	1.344
J6	455	2	5	4.23		0.649
J7	455	2	5	4.09		0.840
J8	455	2	5	4.14		0.889
J9	455	2	5	4.33		0.747

表5-5　工作绩效量表的描述性分析结果

维度	测试题目	样本数	最小值	最大值	平均值	维度平均值	标准差
任务绩效	G1	455	3	5	4.12		0.536
	G2	455	2	5	3.98		0.956
	G3	455	2	5	4.03		0.808
	G4	455	2	5	3.94		0.915
	G5	455	4	5	4.70	4.15	0.465
	G6	455	3	5	4.23		0.579
	G7	455	4	5	4.19		0.506
	G8	455	3	5	4.06		0.583
	G9	455	4	5	4.07		0.505
	G10	455	4	5	4.13		0.515

维度	测试题目	样本数	最小值	最大值	平均值	维度平均值	标准差
关系绩效	G11	455	4	5	4.39		0.507
	G12	455	4	5	4.51	4.46	0.505
	G13	455	4	5	4.49		0.506
	G14	455	4	5	4.45		0.506

运用 SPSS21.0 软件对各变量进行整体性描述性分析，各变量均值、标准差、相关系数见表 5-6。表 5-6 显示，组织支持感与工作绩效呈现显著正相关关系（$r=0.149$，$p<0.01$），H1 得到初步支持。敬业度与工作绩效呈现显著正相关关系（$r=0.149$，$p<0.01$），H3 得到初步支持。领导虚伪感知与组织支持感（$r=-0.104$，$p<0.05$）、敬业度（$r=-0.039$，$p<0.05$）和工作绩效（$r=-0.019$，$p<0.01$）之间呈现显著负相关关系。本研究中相关变量之间均存在相关性，可以进一步进行数据分析。

表 5-6　描述性统计分析结果（n=455）

研究变量	M	SD	1	2	3	4	5	6	7	8
1. 性别	1.31	0.491	1							
2. 年龄	1.78	0.722	-0.079	1						
3. 教育程度	2.13	0.657	0.047	0.097	1					
4. 外派地区	2.45	0.711	0.067*	0.042	0.053	1				
5. 外派岗位	2.69	0.792	0.099	0.043	0.098	0.032	1			
6. 组织支持感	3.29	0.881	0.036	0.021*	0.139	0.101	0.053*	1		
7. 领导虚伪感知	3.04	0.803	0.031	0.109	0.037	0.018	0.181	-0.104*	1	
8. 敬业度	3.98	0.729	0.040	0.019*	0.071	0.039*	0.015	0.132**	-0.039*	1
9. 工作绩效	4.20	0.613	0.089	0.107*	0.034	0.205	0.110	0.149**	-0.019**	0.036**

注：* 表示 $p<0.05$，** 表示 $p<0.01$。

根据以上分析，组织支持感与工作绩效、敬业度变量呈现正相关关系，与领导虚伪感知呈现负相关关系；敬业度与工作绩效呈现正相关关系。

二、量表的信度与效度分析

为确保正式收集的样本数据信息可靠并有效，同时考虑预测试与正式调查对象的范围有所不同，因此在正式进行数据分析前有必要对正式问卷中的组织支持感量表、领导虚伪感知量表、敬业度量表和工作绩效量表的信度和效度进行分析。

（一）信度分析

信度即可靠性分析，它可以用来测量量表或者研究变量测量概念的一致性程度，通常使用克朗巴哈值进行判定。一般认为0.6为可接受水平，大于0.7为较好，大于0.8表明量表的质量很好。通过对三个量表进行信度分析，整理后的结果如表5-7所示。

表5-7　量表信度分析结果汇总表

变量名称	维度名称	题目个数	量表克朗巴哈值
组织支持感	工作支持	9	0.936
	关心利益	7	
	价值认同	7	
敬业度		9	0.917
领导虚伪感知		4	0.883
工作绩效	任务绩效	10	0.929
	关系绩效	4	

从表5-7可以明显看出，四个研究变量的克朗巴哈值分别是0.936、0.917、0.883和0.929，全部高于0.8。说明四个量表具有良好的信度，样本回答准确可靠，收集的数据可进一步研究分析。

（二）效度分析

效度就是指测量的有效性，通过相关测量手段、测量工具或者测量方法可以精确测量量表或者研究变量概念程度水平。针对问卷研究，通常需要使用内容效度和结构效度进行分析。

内容效度可以用于测量题项或者项目是否满足专业测量要求，即题项或项目是否具有适用性，题项或项目是否可以真实有效地测量对应概念信息。本文采用的量表是借鉴已经较为成熟的量表，题目并非随意设计的，因此保证了量表的内容效度。

结构效度用于测量概念结构关系被表达的程度水平，即利用软件生成结果与预期进行对比，如果二者有较高的一致性，则说明效度良好，通常运用探索性因子分析法检验量表的结构效度。

区分效度是指在应用不同方法测量不同构念时所观测到的数值之间应该能加以区分，一般运用验证性因子分析法来检验量表的区分效度。

1. 结构效度检验——探索性因子分析

具体来说，首先对量表的 KMO 值和 Bartlett's 检验进行分析，KMO 值可以判定量表是否适合进行因子分析。如果其高于 0.7，则说明适合因子分析。其次使用主成分分析法、最大方差旋转法来抽取因子并得到因子载荷系数。

（1）组织支持感量表

表5-8　组织支持感量表效度分析结果

因子	题目	因子载荷系数		
		1	2	3
工作支持	Z1 我工作做得出色时，能引起企业的注意	0.687	0.012	0.373
	Z2 企业非常看重我的工作目标和价值观	0.722	0.092	0.480
	Z3 企业不会有机会就利用我	0.555	0.530	0.286
	Z4 企业能同意我要求改变工作条件的合理要求	0.777	0.257	0.347
	Z5 企业乐意在广泛的范围内帮助我尽自己的最大能力完成工作	0.677	0.308	0.467
	Z6 企业重视我的意见	0.645	0.412	0.299
	Z7 企业会给我提供一些晋升的机会	0.788	0.343	0.306
	Z8 企业希望让我担当最适合我能力的工作	0.595	0.187	0.231
	Z9 企业尽可能使我的工作充满兴趣	0.602	0.260	0.209

续表

因子	题目	因子载荷系数		
		1	2	3
关心利益	Z10 企业会理解我偶尔由于私人原因而出现的缺勤	0.097	0.365	0.690
	Z11 企业会奖赏我在本职工作外所付出的劳动	0.842	0.246	0.701
	Z12 企业真正地关心我的生活状况	0.243	0.364	0.640
	Z13 企业会考虑到我应得多少工资的问题	0.521	0.418	0.689
	Z14 在我需要特殊帮助时，企业乐于提供帮助	0.109	0.289	0.756
	Z15 在做出可能会影响到我的决策时，企业会考虑我的最大利益	0.419	0.037	0.717
	Z16 当获得更多效益时，企业会考虑增加我的工资	0.207	0.356	0.763
价值认同	Z17 企业认为我离职将是不小的损失	0.053	0.904	0.144
	Z18 企业认为一直把我留在企业将起到不小的作用	0.098	0.898	0.038
	Z19 如果我失业了，在合适的时候企业会召回我而不是招个新人	0.139	0.861	0.286
	Z20 企业不会因为能以较低的工资招聘到别人来代替我而就辞退我	0.337	0.720	0.357
	Z21 在我要求离职的时候，企业会挽留我	0.270	0.772	0.315
	Z22 如果我的工作被取消了，企业会把我安排到新岗位而不是与我解除劳动关系	0.334	0.773	0.490
	Z23 企业对我在工作中所做出的成就感到骄傲	0.228	0.606	0.162
特征根值		8.794	4.842	4.578
方差解释率		35.963	20.530	20.241
累积方差解释率		35.963	56.493	76.734
KMO 值		0.925		
Bartlett's 值		1733.847		
Sig.		0.000		

通过对组织支持感量表进行分析，整理后的结果如表5-8所示。对组织支

持感变量进行因子分析时，KMO 值为 0. 925，大于 0. 7，并且通过了 Bartlett's 检验，表明适合进行因子分析。共提取得到 3 个因子，这 3 个因子旋转后的方差解释率分别为 35. 963%、20. 530% 和 20. 241%，累积方差解释率为 76. 734%，表明提取的 3 个因子可以概括原始量表信息的 76%。当累积方差解释率超过 60%，说明量表具有良好的结构效度。

（2）敬业度量表

表 5-9　敬业度量表效度分析结果

变量	题目编号	因子载荷系数
		1
敬业度	J1 在工作时我能感到很兴奋	0. 734
	J2 我工作时精力很充沛	0. 743
	J3 早上起床后我就想去工作	0. 775
	J4 我对自己的工作充满热情	0. 750
	J5 工作激发了灵感并激励着我	0. 718
	J6 我为自己的工作感到自豪	0. 725
	J7 企业对我在工作中所做出的成就感到骄傲	0. 791
	J8 我愿意沉浸在自己的工作中	0. 736
	J9 我在工作时会达到忘我境界	0. 729
累积方差解释率		84. 765
KMO 值		0. 894
Bartlett's 值		834. 799
Sig.		0. 000

通过对敬业度量表进行分析，整理后的结果如表 5-9 所示。敬业度量表的 KMO 值是 0. 894，大于 0. 7，并且通过了 Bartlett's 检验，累积方差解释率为 84. 765%。当累积方差解释率超过 60%，说明量表具有良好的结构效度，因此可以认为敬业度量表具有良好的效度。

（3）工作绩效量表

表5-10 工作绩效量表效度分析结果

因子	题目编号	因子载荷系数	
		1	2
任务绩效	G1 我会主动承担富有挑战性的工作	0.791	0.671
	G2 我会主动解决工作中存在的困难	0.784	0.320
	G3 我的工作质量很高	0.908	0.127
	G4 我会加班工作以准时完成任务	0.769	0.554
	G5 我在工作上很努力	0.735	0.432
	G6 我坚持克服工作中的困难以便完成任务	0.728	0.211
	G7 我总是在规定的时间内完成任务	0.856	0.308
	G8 我完成工作任务时能达到上级的要求	0.839	0.039
	G9 我的工作效率很高	0.803	0.205
	G10 我的工作能够达成预期目标	0.801	0.396
关系绩效	G11 我能公平的对待同事	0.253	0.709
	G12 我与同事间的关系很融洽	0.281	0.692
	G13 我能主动给同事提供帮助	0.315	0.744
	G14 我能够体贴和关心其他同事	0.201	0.658
特征根值		3.979	2.961
方差解释率		39.159	34.453
累积方差解释率		39.159	73.612
KMO 值		0.821	
Bartlett's 值		1143.633	
Sig.		0.000	

工作绩效量表的效度分析结果如表5-10所示。工作绩效量表的KMO值为0.821，大于0.7，并且通过了Bartlett's检验。提取得到2个因子旋转后的方差

解释率分别为 39.159% 和 34.453%，累积方差解释率为 73.612%，表明提取的两个因子可以概括原始量表信息的 73%。当累积方差解释率超过 60%，说明量表具有良好的结构效度。

（4）领导虚伪感知量表

通过对领导虚伪感知量表进行分析，整理后的结果如表 5-11 所示。领导虚伪感知量表的 KMO 值是 0.798，大于 0.7，并且通过 Bartlett's 检验，累积方差解释率为 79.525%。当累积方差解释率超过 60%，说明量表具有良好的结构效度，因此可以认为领导虚伪感知量表具有良好的效度。

表 5-11　领导虚伪感知量表效度分析结果

变量	题目编号	因子载荷系数
		1
领导虚伪感知	L1 我希望我的领导能做到他所宣扬的	0.701
	L2 我的领导告诉我要遵守规则，但他不遵守	0.694
	L3 我的领导叫我做他不想做的事	0.726
	L4 我的领导会逃避那些我不能逃避的事	0.718
累积方差解释率		79.525
KMO 值		0.798
Bartlett's 值		1023.821
Sig.		0.000

2. 区分效度检验——验证性因子分析

本研究运用 AMOS21.0 软件进行验证性因子分析，根据变量和研究需要设定了四因子、三因子、二因子和单因子模型用于检验假设模型中各个研究变量之间的区分效度。四因子模型是指将本研究中涉及的四个变量分别作为独立因子进行分析；三因子模型是指将自变量与调节变量合并为一个因子与中介变量和因变量进行分析，以及将调节变量与中介变量融为一个因子与其他两个变量进行分析；二因子模型是指将自变量与调节变量，中介变量和因变量各融为一个因子后进行分析；单因子模型是指将本研究中涉及的四个变量融为一个因子进行分析。验证性因子分析结果见表 5-12。由表 5-12 中可以看出，四因子模型的各项拟合系数最好（$X^2/df = 2.112$、IFI = 0.982、TLI = 0.901、CFI = 0.899、RMSEA = 0.124），明显优于三因子、二因子和单因子嵌套模型，这表明本研究涉及的四个变量具有良好的区分效度。

表 5-12 验证性因子分析结果（n = 455）

模型	因子	X^2/df	IFI	TLI	CFI	RMSEA
四因子模型	OS、PLY、EE、WP	2.112	0.982	0.901	0.899	0.124
三因子模型	OS+PLY、EE、WP	5.698	0.795	0.703	0.706	0.219
三因子模型	OS、PLY+EE、WP	5.992	0.602	0.684	0.690	0.257
二因子模型	OS+PLY、EE+WP	7.538	0.599	0.594	0.655	0.287
单因子模型	OS+PLY+EE+WP	9.155	0.506	0.327	0.603	0.301

注：OS 代表组织支持感，PLY 代表领导虚伪感知，EE 代表员工敬业度，WP 代表工作绩效。

第二节 假设检验

一、共同方法偏差检验

鉴于问卷调查主要是采取被调查者自评的方式进行，可能会存在共同方法偏差的影响。为了使研究更加准确，本研究采取哈曼（Harman）单因素检验技术进行共同方法偏差检验。将所有问卷中的所有题目放置于探索性因素分析中，检验未旋转式的因素分析，结果显示在 4 个特征值大于 1 的公因子中，第一个因子所占的载荷量为 31.64%，未超过四个因子累积解释 73.209% 的 50%，说明共同方法偏差问题并不严重，不影响研究数据的进一步分析。

二、差异性分析

不同的调查对象具有不同的人口统计学特征，因此他们对组织支持感的主观感知也是不同的。由于主观感知的不同，心理作用就会外化为不同行为，由此对工作绩效产生影响。因此，研究人口统计学变量对组织支持感、敬业度和工作绩效的影响是必要的。本研究将运用独立样本 T 检验和单因素方差分析的方法，分析人口统计学变量在量表各维度上是否存在差异。

（一）性别在不同变量上的差异性分析

表 5-13 性别差异分析结果

变量	维度	性别（平均值±标准差）		F	P
		男	女		
组织支持感	工作支持	3.68±0.93	3.89±0.71	3.82	.327
	关心利益	3.18±0.82	3.39±0.62	9.04	.401
	价值认同	3.21±0.73	3.52±0.59	8.68	.410
工作绩效	任务绩效	3.96±0.89	3.99±0.70	2.57	.171
	关系绩效	3.89±0.91	3.96±0.87	1.94	.294
敬业度		3.99±0.82	3.92±0.67	5.17	.382

*$p<0.05$

表 5-13 显示 P 值均高于 0.05，说明无论是男性外派人员还是女性外派人员，对于组织支持感、工作绩效和敬业度这三个变量的态度均表现出一致，没有明显的差异性。

（二）婚姻状况在不同变量上的差异性分析

表 5-14 婚姻差异分析结果

变量	维度	婚姻状况（平均值±标准差）		F	P
		未婚	已婚		
组织支持感	工作支持	3.71±0.77	3.83±0.66	1.12	.355
	关心利益	3.86±0.75	3.92±0.68	2.54	.534
	价值认同	3.67±0.76	3.68±0.71	1.92	.293
工作绩效	任务绩效	3.96±0.89	4.39±0.70	4.15	.002*
	关系绩效	3.89±0.91	4.26±0.87	3.93	.014*

变量	维度	婚姻状况（平均值±标准差）		F	P
		未婚	已婚		
敬业度		3.11±0.82	3.99±0.67	5.59	.003*

*$p<0.05$

从表5-14可以明显看出，利用方差分析去研究已婚与未婚群体对于组织支持感、工作绩效和敬业度三个变量的差异性态度，已婚和未婚群体对于组织支持感的态度没有表现出显著性差异，P值均高于0.05。在工作绩效和敬业度方面，P值全部低于0.05，说明已婚和未婚群体在工作绩效和敬业度上均会表现出显著性差异。具体对比平均值可知，已婚的外派人员在工作绩效和敬业度上都高于未婚群体。

（三）年龄分布在不同变量上的差异性分析

表5-15　年龄差异分析结果

变量	维度	年龄分布（平均值±标准差）				F	P
		25岁以下	25~35岁	35~45岁	45岁以上		
组织支持感	工作支持	3.45±0.77	3.64±0.72	3.66±0.83	3.53±0.81	2.05	.251
	关心利益	3.61±0.81	3.92±0.79	3.85±0.72	3.81±0.75	1.24	.019*
	价值认同	3.47±0.69	3.98±0.71	3.83±0.64	3.78±0.81	3.21	.009*
工作绩效	任务绩效	3.99±0.72	4.08±0.78	4.13±0.75	4.02±0.72	4.07	.011*
	关系绩效	4.29±0.82	4.22±0.79	4.17±0.69	4.31±0.71	3.14	.242
敬业度		3.69±0.66	3.64±0.73	3.90±0.63	3.89±0.73	5.01	.032*

*$p<0.05$

通过方差分析，表5-15显示不同年龄段的外派人员对于组织支持感变量的关心利益、价值认同维度，工作绩效变量的任务绩效维度以及敬业度变量上表现出显著性差异，P值全部均低于0.05。具体对比平均值可知，在关心利益和价值认同方面，25~35岁的外派人员平均值高于其他年龄段群体。在任务绩效和敬业度上，35~45岁的外派人员平均值要高于其他年龄段群体。

（四）文化程度在不同变量上的差异性分析

表 5-16　文化程度差异分析结果

变量	维度	文化程度（平均值±标准差）			F	P
		本科以下	本科（含双学士）	研究生		
组织支持感	工作支持	3.52±0.74	3.60±0.69	3.57±0.67	2.91	.632
	关心利益	3.55±0.72	3.63±0.59	3.60±0.57	2.03	.306
	价值认同	3.58±0.81	3.62±0.74	3.59±0.75	1.09	.254
工作绩效	任务绩效	4.19±0.82	4.13±0.72	4.25±0.68	3.39	.322
	关系绩效	4.22±0.79	4.32±0.71	4.44±0.66	2.97	.419
敬业度		3.89±0.74	3.97±0.82	3.99±0.69	4.23	.627

*$p<0.05$

从表 5-16 可知，通过方差分析研究不同文化程度群体对于组织支持感、工作绩效和敬业度三个变量的差异性态度，具有不同文化程度的样本对于这三个研究变量均不会表现出差异性态度。P 值均高于 0.05，因此说明不论外派人员的文化程度如何，对于组织支持感、工作绩效和敬业度这三个变量的态度均表现一致，没有明显差异性。

（五）外派工作年限在不同变量上的差异性分析

表 5-17　外派工作年限差异分析结果

变量	维度	外派工作年限（平均值±标准差）				F	P
		3 年以下	3~5 年	5~10 年	10 年以上		
组织支持感	工作支持	3.87±0.65	3.74±0.34	3.44±0.77	3.76±0.92	1.25	.422
	关心利益	3.44±0.95	3.32±0.91	3.52±0.24	3.45±0.63	1.63	.139
	价值认同	3.23±0.44	3.49±0.75	3.52±0.69	3.42±0.66	2.23	.293
工作绩效	任务绩效	4.22±0.91	4.24±0.42	4.32±0.84	4.19±0.73	1.89	.102
	关系绩效	4.16±0.81	4.22±0.43	4.34±0.57	4.35±0.89	1.94	.331

变量	维度	外派工作年限（平均值±标准差）				*F*	*P*
		3 年以下	3~5 年	5~10 年	10 年以上		
敬业度		3.72±0.97	3.66±0.58	3.79±0.64	3.80±0.33	3.47	.194

*$p<0.05$

通过方差分析，从表 5-17 可以看出 P 值均高于 0.05，说明不论外派人员的外派工作年限有多久，对于组织支持感、工作绩效和敬业度这三个变量的态度均表现一致，没有明显差异性。

（六）外派工作地区在不同变量上的差异性分析

从表 5-18 可以看出，外派人员所在地区不同，其对于组织支持感变量中的关心利益表现出差异性态度，具体对比平均值可知，非洲地区高于亚欧地区和美洲地区，这可能与外派人员所在工作地区的环境有关。与亚欧和美洲地区相比，非洲地区的生活和工作环境都相对恶劣一些，因此在这个地区工作的外派人员对此项改善的感知程度要高于在其他两个地区工作的外派人员。

表 5-18　外派工作地区差异分析结果

变量	维度	外派工作地区（平均值±标准差）			*F*	*P*
		亚欧地区	非洲地区	美洲地区		
组织支持感	工作支持	3.66±0.88	3.74±0.92	3.59±0.79	1.95	.322
	关心利益	3.48±0.31	4.09±0.97	3.11±0.75	2.47	.021*
	价值认同	3.55±0.60	3.56±0.86	3.61±0.39	1.10	.079
工作绩效	任务绩效	4.11±0.42	4.23±0.37	4.19±0.22	3.85	.192
	关系绩效	4.09±0.55	4.22±0.84	4.19±0.91	4.28	.095
敬业度		3.79±0.79	3.83±0.93	3.88±0.49	3.99	.273

*$p<0.05$

（七）外派工作岗位在不同变量上的差异性分析

表5-19 外派工作岗位差异分析结果

变量	维度	外派工作地区（平均值±标准差）			F	P
		基层员工	中层管理者	高层管理者		
组织支持感	工作支持	3.78±0.75	3.75±0.68	3.72±0.77	8.13	.722
	关心利益	3.32±0.78	3.26±0.70	3.24±0.59	9.25	.047
	价值认同	3.47±0.34	3.50±0.61	4.29±0.55	9.02	.002*
工作绩效	任务绩效	4.04±0.92	4.15±0.86	4.20±0.74	3.58	.137
	关系绩效	3.86±0.51	4.08±0.93	4.74±0.77	2.99	.001*
敬业度		3.87±0.47	3.91±0.51	3.98±0.49	4.41	.019*

*$p < 0.05$

表5-19显示，通过方差分析，由于外派人员的工作岗位不同，在组织支持感变量的价值认同维度和工作绩效变量的关系绩效维度上以及敬业度上会表现出差异性态度。而在其他变量维度上没有表现出明显差异性态度。具体对比平均值可知，岗位层级越高的人，越能感受到组织对自己的认同，关系绩效也明显较高，也表现得更为敬业。一方面，这说明了企业对他们价值的认可；另一方面，岗位层级较高的人，往往需要在工作上接触多方面的人，在人际关系处理上也比较灵活，所以关系绩效和敬业度的平均值也高于中层管理者和基层员工。

三、相关分析

相关分析主要是用于研究变量与变量之间的相关关系程度，包括是否有相关关系和相关关系的紧密程度等。变量之间的相关关系程度可通过相关系数进行衡量，通常情况下，采用皮尔逊（Pearson）系数来判定相关程度。相关系数取值范围在−1~1之间，相关系数大于0表示正相关，反之为负相关。相关系数绝对值越大，相关性越强。通常情况下，如果相关系数绝对值大于0.3，则说明变量之间有中度相关关系；大于0.7则表示存在高度相关关系。

表5-20　相关关系分析结果

变量	维度	1	2	3	4	5	6
组织支持感	工作支持	1					
	关心利益	0.764**	1				
	价值认同	0.702**	0.695**	1			
工作绩效	任务绩效	0.709**	0.623**	0.715**	1		
	关系绩效	0.711**	0.727**	0.687**	0.702**	1	
敬业度	敬业度	0.759**	0.773**	0.764**	0.749**	0.728**	1

$^*p<0.05$　$^{**}p<0.01$

前文已对整体变量之间的相关关系进行了分析，本次使用皮尔逊相关系数去研究组织支持感三个维度、工作绩效两个维度和敬业度之间的相关关系情况。经过分析整理后的相关分析结果如表5-20所示。

表5-20显示，从组织支持感变量各维度来看，工作支持与关系绩效和任务绩效的相关系数依次减弱，分别为0.711和0.709，相差不大。关心利益与关系绩效和任务绩效的相关系数依次减弱，分别为0.727和0.623，说明关心利益与关系绩效的相关程度要明显高于与任务绩效的相关程度。价值认同与任务绩效和关系绩效的相关系数依次减弱，分别为0.715和0.687，说明与任务绩效的相关程度较高。

从敬业度变量来看，敬业度与组织支持感变量的关心利益维度、价值认同维度、工作支持维度的相关系数依次减弱，分别为0.773、0.764和0.759。与工作绩效变量的任务绩效维度和关系绩效维度的相关系数依次减弱，分别为0.749和0.728。

根据上述分析，组织支持感变量各维度与工作绩效变量各维度均呈现正相关关系，组织支持感变量各维度与敬业度变量均呈现正相关关系，工作绩效变量各维度与敬业度变量呈现正相关关系，这为后续进行回归分析以及进一步验证敬业度在组织支持感与工作绩效之间的中介作用以及领导虚伪感知的调节作用奠定了基础。

四、回归分析

相关分析仅仅研究变量之间有没有关系，而回归分析则是研究影响关系。

为进一步研究各变量之间的影响关系，使用多元线性回归分析方法分析组织支持感三个维度对工作绩效两个维度的影响。将组织支持感变量的工作支持、关心利益和价值认同三个维度作为自变量，将工作绩效变量的任务绩效和关系绩效两个维度作为因变量进行回归分析，结果如表5-21所示。

从表5-21可以看出，模型F值为84.376和47.730，并且在显著性水平小于0.01条件下通过检验。模型的R平方值为0.847和0.685，说明组织支持感三个维度可以解释任务绩效84.7%的变化原因，解释关系绩效68.5%的变化原因。

在任务绩效上，工作支持和价值认同2个自变量对任务绩效有显著的预测作用，回归系数均呈现出显著性，回归系数值分别是0.832和0.217，均大于0，因此说明它们会对任务绩效产生正向影响关系。而关心利益自变量的回归系数没有呈现出显著性，因此说明不会对任务绩效产生影响关系。

在关系绩效上，工作支持、关心利益和价值认同3个自变量对关系绩效有显著的预测作用，回归系数均呈现出显著性，分别为0.101、0.526和0.326，均大于0，因此说明它们会对关系绩效产生正向影响关系。

表5-21 组织支持感对工作绩效的回归分析结果

因变量	自变量	非标准化系数		标准化系数	t	p	R^2	F
		B	标准误差	Beta				
任务绩效	（常量）	0.198	0.154	–	7.283	0.000	0.847	84.376**
	工作支持	0.832**	0.032	0.828**	9.152	0.000		
	关心利益	0.060	0.056	0.062	1.064	0.299		
	价值认同	0.217**	0.061	0.216**	3.560	0.000		
关系绩效	（常量）	0.672	0.114	–	5.885	0.000	0.685	47.730**
	工作支持	0.101*	0.050	0.101*	2.024	0.018		
	关心利益	0.526**	0.045	0.547**	6.714	0.000		
	价值认同	0.326**	0.082	0.321**	3.957	0.000		

注：* 表示 $P < 0.05$，** 表示 $P < 0.01$。

五、中介效应分析

假定 X 是自变量，Y 是因变量，M 是中介变量。验证 M 是否属于中介变量，则必须在满足 X 与 Y 显著相关，X 与 M 显著相关，M 与 Y 显著相关的前提下，将 X 和 M 同时引入回归分析时，X 与 Y 之间的影响关系会减弱或者消失。

根据上述原则，运用巴伦（Baron）和肯尼（Kenny）的层次回归分析方法和步骤来检验敬业度的中介效应，表 5-22 为敬业度在组织支持感影响外派人员工作绩效过程中的中介效应检验分析结果。

表 5-22　敬业度的中介效应（n=455）

模型和变量	敬业度		工作绩效		
	模型 1	模型 2	模型 3	模型 4	模型 5
性别	0.049	0.023	-0.151	-0.021	-0.096
年龄	0.039	-0.094	0.036	-0.014	-0.040
教育程度	0.182	0.103	0.196	0.038	0.012
外派地区	0.231	0.118	0.258	-0.091	0.057
外派岗位	0.096	-0.096	0.356	0.033	0.133
2. 组织支持感		0.394**	0.414**		0.319
3. 敬业度				0.601**	0.552**
R^2	0.049	0.582	0.224	0.012	0.103
F	2.91	3.39	3.05	2.74	4.15

注：*表示 $p < 0.05$，**表示 $p < 0.01$。

从表 5-22 中可以看出，组织支持感正向影响外派人员工作绩效（β = 0.414，$p<0.01$），H1 得到进一步验证；组织支持感对敬业度存在正向影响（β = 0.394，$p<0.01$）；敬业度对外派人员工作绩效存在正向影响（β = 0.601，$p<0.01$）。将组织支持感和敬业度同时引入回归方程后可以发现，敬业度对外派人员工作绩效正向影响依然显著（β = 0.552，$p<0.01$），但组织支持感对外派人员工作绩效的正向影响不再显著（β = 0.319，$p>0.05$）。由此可以验证 H3，即敬业度在组织支持感和外派人员工作绩效之间呈现了显著的较强完全中介作用。

六、调节效应分析

首先将性别、年龄等作为控制变量，对各变量进行去中心化处理，依次进行层次回归分析并整理，结果见表5-23。在表5-23中可以看到，组织支持感对敬业度（β=0.394，p<0.01，模型1）存在正向影响关系，引入组织支持感和领导虚伪感知交互项后，对敬业度的影响（β=-0.594，p<0.01，模型2）系数显著，说明组织支持感与敬业度之间的关系受到了领导虚伪感知的负向调节，H4得到了验证。同时由表5-23可知，组织支持感和领导虚伪感知交互项对外派人员工作绩效也具有显著的负向影响（β=-0.428，p<0.01，模型4），更加充分说明了领导虚伪感知在组织支持感和外派人员工作绩效之间确实存在负向调节作用。

表5-23 领导虚伪感知的调节作用 （n=455）

模型和变量	敬业度		工作绩效	
	模型 1	模型 2	模型 3	模型 4
性别	0.023	0.109	−0.151	−0.102
年龄	−0.094	−0.024	0.036	−0.069
教育程度	0.103	0.250	0.196	0.024
外派地区	0.118	0.036	0.258	0.012
外派岗位	−0.096	−0.153	0.356	0.204
组织支持感	0.394**	0.197**	0.414**	0.248**
领导虚伪感知		−0.439**		−0.552**
组织支持感×领导虚伪感知交互项		−0.594**		−0.428**
R^2	0.582	0.439	0.224	0.092
F	3.39	4.22	3.05	2.82

注：* 表示 $p < 0.05$，** 表示 $p < 0.01$。

为了更好地说明负向调节作用，根据艾肯（Aiken）推荐的文献方法绘制了领导虚伪感知的调节效应图（图5-1）。从图5-1可以看出，外派人员感受到的领导虚伪感知程度越高（M+1SD），组织支持感对外派人员敬业度的正向影响减弱，反之越强，据此，H4 得到验证。

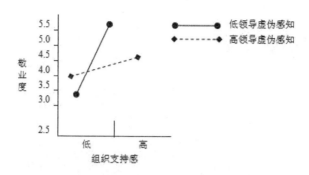

图 5-1　领导虚伪感知对组织支持感与敬业度之间关系的调节效应

七、被调节的中介效应

按照爱德华（Edwards）和朗伯（Lamber）研究的方法，运用 Bootstrap 来分析敬业度在不同领导虚伪感知水平下的中介作用大小，分析结果见表 5-24。从表 5-24 可以看出，在组织支持感对敬业度的影响过程中，领导虚伪感知高低组之间存在显著差异（β=-0.18，p<0.01），说明领导虚伪感知显著调节了组织支持感与敬业度之间的关系。从间接效应来看，当员工感受到领导虚伪感知程度较高时（高于平均值一个标准差，即 M+1SD），组织支持感通过敬业度对外派人员工作绩效的影响为 β=0.09（P<0.05）；当员工感受到领导虚伪感知程度较低时（低于平均值一个标准差，即 M-1SD），组织支持感通过敬业度对外派人员工作绩效的影响为 β=0.13（n.s.）。两组之间的差异最终呈现显著性（β=-0.04，P<0.01），说明敬业度在组织支持感和外派人员工作绩效之间发挥了完全中介作用，并且这种中介作用受到领导虚伪感知的调节，H5 得到了验证。

表 5-24　敬业度在不同领导虚伪感知水平上的中介效应　（n=455）

分组	组织支持感（X）→敬业度（M）→工作绩效（Y）				
	X→M	M→Y	直接效应	间接效应	总效应
高领导虚伪感知	0.29**	0.16*	0.11**	0.09*	0.20
低领导虚伪感知	0.47*	0.39**	0.26**	0.13	0.39**
高低组差异	-0.18**	-0.23*	-0.15*	-0.04**	-0.19*

注：* 表示 $p < 0.05$，** 表示 $p < 0.01$。

第六章

研究结论与展望

第一节　研究结论与贡献

一、研究结果概述

经过实证分析，本次研究结果可以总结为以下几方面。

第一，中央企业外派人员的组织支持感整体平均水平处于中等，还有一定提升空间。随着中央企业国际化进程的加快和人力资源管理工作水平的提升，外派人员普遍认为企业提供了足够的工作支持，但在价值认同方面还处于中等水平，在关心外派人员利益方面明显不足。

第二，中央企业外派人员在敬业度和工作绩效上，整体处于偏上的水平。说明广大中央企业外派人员对外充分展现了良好的职业操守和过硬的职业素质，为落实国家战略做出了积极贡献。

第三，通过研究分析发现，人口统计学特征中的性别、文化程度、外派工作年限对组织支持感、工作绩效和敬业度这三个变量的态度均表现一致，没有明显差异性。婚姻、年龄、外派工作地区和外派工作岗位都会对组织支持感、工作绩效和敬业度变量产生显著性影响，在变量的维度上存在差异性态度。通过研究证明，有必要结合外派人员的个体背景和特征因素实施差异化措施。

第四，组织支持感变量各维度与工作绩效变量各维度均呈现正相关关系。其中，工作支持和价值认同对任务绩效有显著的预测作用，而关心利益不会对任务绩效产生影响关系；工作支持、关心利益和价值认同对关系绩效有显著的预测作用。

第五，组织支持感变量各维度与敬业度变量呈现正相关关系，说明组织支持感可以对敬业度产生积极预测作用和影响关系。敬业度变量与工作绩效变量各维度呈现正相关关系，敬业度会对任务绩效和关系绩效产生预测作用。

第六，敬业度变量在组织支持感与工作绩效两个变量之间发挥中介作用，说明组织支持感不仅可以对工作绩效产生直接影响，还可以通过影响敬业度来达到提高外派人员的绩效。因此，中央企业不仅要关注管理政策措施发挥的外部作用，也要注重培养和提升外派人员的敬业水平，采取"外化"和"内化"并举的方法，有效提升外派人员的工作绩效，从而为做强、做优、做大中央企业奠定坚实的基础。

第七，领导虚伪感知负向调节了组织支持感对敬业度的正向影响作用，弱化了敬业度的中介作用，从而进一步影响了外派人员工作绩效。

二、研究假设验证结果

通过差异性分析、相关分析、回归分析等实证研究方法，本研究对提出的研究假设进行了逐一验证。结果显示，部分研究假设通过验证，部分研究假设未能通过验证，还有部分研究假设属于部分通过验证。验证结果如表6-1所示。

表6-1　研究假设验证结果

研究假设	验证结果
H1：组织支持感与外派人员工作绩效正相关。	部分通过
H1a：工作支持与外派人员工作绩效正相关。	通过
H1a1：工作支持与任务绩效正相关。	通过
H1a2：工作支持与关系绩效正相关。	通过
H1b：关心利益与外派人员工作绩效正相关。	部分通过
H1b1：关心利益与任务绩效正相关。	未通过
H1b2：关心利益与关系绩效正相关。	通过
H1c：价值认同与外派人员工作绩效正相关。	通过
H1c1：价值认同与任务绩效正相关。	通过
H1c2：价值认同与关系绩效正相关。	通过

研究假设	验证结果
H2：人口统计学变量会对组织支持感、敬业度和工作绩效产生影响。	部分通过
H2a：人口统计学变量会对组织支持感产生影响。	部分通过
H2b：人口统计学变量会对敬业度产生影响。	部分通过
H2c：人口统计学变量会对工作绩效产生影响。	部分通过
H3：外派人员敬业度在组织支持感和工作绩效之间发挥中介作用。	通过
H4：组织支持感与外派人员敬业度之间关系受到领导虚伪感知的负向调节。	通过
H5：领导虚伪感知在组织支持感经由敬业度对工作绩效的影响中发挥调节作用。	通过

三、研究贡献

本研究在以下三方面有所贡献：

第一，本研究探索的内容是当前中央企业面临的现实问题，并且目前国内鲜有以中央企业外派人员为特定研究对象。本研究不仅选择了中国公共部门中的中央企业外派人员，而且引入外派人员敬业度为中介变量，进一步丰富了组织支持感对工作绩效影响这一领域的研究成果。选择敬业度为研究的中介变量，而非忠诚度，根本原因在于忠诚只解决了留人问题，而敬业才能从根本上解决做事问题。从这一点来说，本文的关注点与以往研究有区别。

第二，本研究采用的问卷是以国内外学者设计并验证的问卷为基础的，进一步验证了问卷在中国文化背景下的适用性，是对相关理论本土化研究成果的有意补充，也为后续研究提供了参考。

第三，本研究在研究组织支持感通过敬业度影响外派人员工作绩效中引入了领导虚伪感知作为调节变量，进一步丰富了组织支持感影响工作绩效的内在作用机制，特别是除了关注组织资源外，还重点考察了作为员工心理感知变量的领导虚伪感知的作用，从而有效拓展了现有研究。

第二节 对策建议

习近平总书记指出："国有企业特别是中央管理企业，在关系国家安全和国民经济命脉的主要行业和关键领域占据支配地位，是国民经济的重要支柱，在我们党执政和我国社会主义国家政权的经济基础中也是起支柱作用的，必须搞好。"① 通过前文分析可知，组织支持感不同维度对外派人员工作绩效不同维度发挥的作用是不同的，敬业度对工作绩效又有显著预测作用。因此，中央企业要从外派人员的角度出发，通过采取措施不断优化改善外派人员的组织支持感水平，进而有效提升外派人员的敬业度，从而对工作绩效产生积极影响。这不仅需要从中央企业和员工个人角度进一步深入探讨，也需要政府的有关支持。

一、政府角度建议

从政府角度来讲，就是要找准定位，构建充满活力的人才发展治理体系。

任何事物的发展都必须要考虑外部政策环境的影响，政府作为政策的制定者，要主动作为，为企业发展搞好服务。要找准自身定位，构建包括政府、各类市场主体和社会组织在内的现代人才发展治理体系。

一是要注重发挥中央企业在人才管理上的主体作用，加快服务型政府的实质性建设。改进政府宏观调控，做到总揽不包揽，到位不越位，凡属于可以通过市场机制和企业自身研究解决的，政府不应过度介入，已经介入的要逐步退出。要紧紧围绕中央企业国际化发展战略，积极完善市场服务功能，畅通人才流动渠道，在健全企业人才公共服务、完善人才权益保障和人才市场平台载体建设等方面加大工作力度，为中央企业人才工作提供定向的、更好的、专业性的咨询和服务，为我国企业"走出去"提供公共信息咨询。

要注重建立和发挥人才工作中的协同治理机制，避免政府唱"独角戏"的局面。加强政府内部有关职能部门的联系，以人才发展为导向，更好地统筹人才发展和经济社会发展、统筹人才和其他各项工作、统筹人才工作的各个方面。

---

① 习近平主持召开中央全面深化改革领导小组第四次会议 [EB/OL]. https：//www. gov. cn/xinwen/2014-08/18/content_ 2736451. htm，2014-08-18.

加强行业协会建设，完善行业协会职能，促进中央企业互动交流，整合资源，形成行业对外人才交流智库。通过多举措，实现政府在人才工作体系中的定位从"操作"向"服务"转变，从"政策"向"环境"转变。

二是要加大政策的支持力度。实施"走出去"规划，需要准确把握"走出去"的基本属性。从根本上说，"走出去"是企业市场行为，要坚持"政府引导、企业为主、市场运作"方针。对于中央已经出台的各项支持中央企业人才工作的政策意见，各部委应做到政策不截留、不打折扣。作为出资人的国资委，要加强对中央企业人才工作的领导。中央企业近年来国际化步伐加快，且境外单位和外派人员面临市场环境与国内迥异，需要针对国际业务特点制定一批更有针对性的扶持措施。比如，在对中央企业工资总额以及外派人员个人所得税的管理上，不应管得过死，因为在市场经济条件下，薪酬福利待遇依然是一个社会和组织承认人才价值，尊重知识、尊重人才的重要标志，空洞的口号是没有意义的。

同时由于境外市场竞争更为激烈，市场化程度更高，政府部门需要按照市场化方向调整政策思路，指导境外中央企业健全完善公司治理结构，确立市场化主体地位，在完善激励约束机制的条件下，赋予企业更大的自主决策权，激发企业内在活力。

二、中央企业角度建议

从中央企业角度来讲，就是要通过发挥政治优势，实施差异化策略，努力提升外派人员敬业度与工作绩效水平。

一是坚定不移地坚持党的领导、加强党的建设，发挥国有企业的政治优势，加强公共管理伦理建设。思想政治工作是国有企业的优良传统，是国有企业改革发展稳定的有力保证。在中央企业中，中共党员占有一定比例，要注重发挥老党员的作用，大力开展社会责任教育，引导广大外派人员，特别是外派人员中的年轻党员深刻认识中央企业的历史使命，正确处理国家、企业、个人三者之间的利益关系，更好地履行发挥中央企业的经济责任、政治责任和社会责任。中央企业外派人员作为对外开展业务的主体，代表着国家和中资企业的形象，因此要加强在外派人员群体中开展公共管理伦理建设，发挥核心价值理念的引导作用。公共管理伦理是一般社会道德在公共管理领域的特殊表现，是一种道德标准和行为规范。习近平总书记指出，"要教育引导我国在海外企业和公民自觉遵守当地法律, 尊重当地风俗习惯"①。在对外经营和商务活动中, 企业要让外派人员牢固树立规则意识, 不能以行业或国际经营惯例来替代规则。

要善于发现外派人员中的典型, 在境外实践工作中选定一批青年杰出人才和岗位能手, 在企业中广泛宣传劳动模范和先进工作者的感人事迹, 充分发挥模范人物的示范带动作用, 以此引导外派人员中的广大青年员工正确学习。扎实推进以爱岗敬业、诚实守信为主要内容的职业道德建设和以廉洁从业为重点的企业文化建设, 在外派人员队伍中形成岗位建功、积极上进、奉献社会的良好风气。

二是要实施差异化策略, 提供多种组织支持。在前文分析中显示, 组织支持感中的关心利益平均值得分最低, 因此找准薄弱环节加大力度进行改进。习近平总书记在第三次 "一带一路" 建设座谈会上强调, "要落实风险防控制度, 压紧压实企业主体责任和主管部门管理责任, 做到危地不往, 乱地不去"。着力保障用工需求、人员倒班回国。这要求企业进一步关心外派人员的生活和家庭状况, 通过定期访谈或调研等方式, 真实了解他们的关心和所想以及家庭的实际情况。结合外派人员的年龄, 发挥企业党群、工会、共青团等机构的优势, 对外派人员的婚恋、家庭困难等实施帮扶等。总之, 企业做好外派人员家庭保障工作, 主动关心外派人员家庭, 力所能及帮助他们解决实际困难, 定期组织对外派人员及其家属、子女、父母的家庭慰问, 能让外派人员对企业组织产生心理归属感, 能够转化为良好的工作状态, 从而提高外派人员的个人工作绩效, 并带动组织整体工作绩效的提升。

同时针对不同的外派人员群体, 要逐步实施更加具有针对性的组织支持措施。比如, 在前文研究中显示, 25～35 岁之间的外派人员在关心利益和价值认同方面的认可明显高于其他年龄段群体, 这说明一方面青年外派人员普遍认为组织对他们的目标予以认可, 感受到来自组织的关心最多。另一方面也说明现有的措施对中年以上外派人员的效果明显不足, 因此要及时调整相关措施, 不能忽视对中年及以上外派人员群体的关心和认可。

三是倡导良好的领导作风, 营造愉悦的工作氛围。调查显示, 外派工作岗位较高的人员在敬业度上要高于其他岗位人员, 因此有必要提升中层和基层员

---

① 习近平出席第三次 "一带一路" 建设座谈会并发表重要讲话 [EB/OL]. https://www.gov.cn/xinwen/2021-11/19/content_ 5652067. htm, 2021-11-19.

工的敬业度水平。在这个过程中，外派高层管理人员责无旁贷。高层管理人员的管理行为将会影响基层员工的工作方式，影响员工的敬业度水平，进而影响工作绩效。随着"90 后""00 后"步入职场，外派人员群体年轻化趋势已成为主流，也带来了不同于"前辈"的价值观。特别是在境外，远离亲人和朋友，有些国家和地区互联网使用也受到限制。在这样的现实情况下，需要在上级领导的关心下，帮助基层外派人员获取信息、建立人际联系。通过兄长式的领导风格，让他们迸发出最大限度的工作激情，轻松愉悦的工作氛围能够使敬业度高的员工创造出更加卓越的工作绩效。高层管理者要用自身潜移默化的影响，提高基层外派人员，尤其是新外派的年轻员工的敬业度和工作绩效水平。

　　总而言之，以上部分建议在体制内的中央企业具体实施还有一定的困难。摒弃老旧思想，通过改革和创新，让工作岗位和工作环境能够给外派工作人员带来使命感、成就感以及带来实现个人成长和能力的机会，进而带动员工敬业和绩效水平的进一步提升才是最重要的。不过，要真正实现这种局面，无疑还有很多艰苦和细致的工作需要做，也是每一名公共部门人力资源管理者和研究者持续努力的方向之一，可谓任重而道远。

三、外派人员角度建议

　　从外派人员角度来讲，就是要立足本职、扎根海外，不断提高自身的岗位技能水平，以实际行动来诠释中央国有企业员工"敬业奉献"的价值追求。

　　一是要立足本职，强技能、勇创新。如果想让其他人肯定自己，自己首先要做出能够让别人肯定的事情，技术是安身立命之本，更是个人发展之基础。面对异常陌生的境外工作环境，广大外派人员要不断树立学习意识，发挥主动性和能动性，锻炼并提高自己的适应能力。要善于从基层做起，在摸爬滚打中锤炼提升自己，力争使自己从一名热血青年历练成境外工作专家，从一名普通员工成长为一名业务骨干，从而实现自身价值。

　　二是增强在中央企业工作中的使命感和荣誉感。中央企业作为国有企业的主力军，在国民经济和社会稳定发展中发挥着重要角色。当前，随着中央企业的效益和实力的不断壮大，社会各界针对中央企业的质疑和非议也越来越多。对此，广大外派人员要正确面对，通过自己的实际行动来提高社会大众对中央企业的美誉度。要切实将工作自豪感和使命感转化为工作的动力，把个人的生存与企业发展密切联系起来，以企业主人的姿态要求自己，协助领导和同事共同做好工作、营造和谐的企业文化氛围，在推进中央企业供给侧结构性改革、落实"一带一路"倡议中实现自己的人生理想。

第三节 研究局限及未来展望

一、研究局限

（一）问卷的设计与发放存在局限性。问卷在设计时主要参考了国内外学者已验证过的较为成熟的量表，虽然对量表题目进行了预测调整，但有些题目未能充分考虑中央企业环境和外派人员群体的特点，本土化被忽视，适用性也有待于进一步研究。同时量表属于自陈氏量表，在一定程度上可能会存在社会称许性问题。另外在问卷的发放上，采用的是非随机抽样法中的雪球抽样的方式，依赖于本单位外派的同事及朋友之间的传播，可能存在一定欠缺。

（二）调查样本覆盖范围存在局限性。限于主客观原因，本次调查主要针对的是中央企业外派的管理型和技术型中方人员，这只是众多外派人员中的一部分，而未能覆盖到劳务外派人员和第三国的公民。

（三）研究分析深度的局限性。限于自身知识理论水平有限，虽然在本文分析中通过理论分析和实证分析的方法对选题进行了研究，但研究的深度还比较有限。比如，在文献理论梳理上可能还存在不足、实证分析方法的运用还比较有限等。

二、未来展望

研究的不足之处就是未来努力的方向。随着中央企业国际化进程加快，迫切需要加强研究，以便为企业更好地发展提供理论支持。

在未来的研究中，应逐步将研究群体覆盖到劳务外派人员。同时还可以研究组织支持感对第三国人员工作绩效的影响，从而为后续开展中方与外方人员之间的比较性研究做好铺垫。

另外，在借鉴国内外已有的成熟量表基础上，还可以设计符合中共中央国有企业人员特点、符合政府行政机关人员特点等不同公职人员群体的量表，不仅进一步推进了理论研究的本土化，而且还可以更为细致、深入地探讨公共部门内部不同组成成员之间的工作绩效影响因素。

参考文献

一、著作类

[1]《关于深化人才发展体制机制改革的意见》编写组. 关于深化人才发展体制机制改革的意见 [M]. 北京：党建读物出版社，2016.

[2] 贝纳特，贝尔. 驱动力 [M]. 张义，译. 北京：电子工业出版社，2005.

[3] 程延园. 员工关系管理 [M]. 上海：复旦大学出版社，2004.

[4] 国务院国有资产监督管理委员会. 中国国有资产监督管理年鉴（2004—2007）[M]. 北京：中国经济出版社，2004—2007.

[5] 国务院国有资产监督管理委员会企业改革局. 做强做大——探索与实践 [M]. 北京：中国经济出版社，2005.

[6] 国务院国有资产监督管理委员会研究室. 探索与研究——国有资产监管与国有企业改革研究报告（2006）[M]. 北京：中国经济出版社，2007.

[7] 国务院国有资产监督管理委员会研究室. 探索与研究——国有资产监管与国有企业改革研究报告（2007）[M]. 北京：中国经济出版社，2008.

[8] 国务院国有资产监督管理委员会研究室. 探索与研究——国有资产监管与国有企业改革研究报告 [M]. 北京：中国经济出版社，2006.

[9] 黄津孚. 现代企业管理原理：修订第 4 版 [M]. 北京：首都经济贸易大学出版社，2002.

[10] 科夫曼，冈萨雷斯-莫利纳，方晓光. 由此，踏上成功之路 [M]. 方晓光，译. 北京：机械工业出版社，2003.

[11] 李宝元. 战略性激励：现代企业人力资源管理精要 [M]. 北京：经济科学出版社，2002.

[12] 林泽炎. 转型中国企业人力资源管理 [M]. 北京：中国劳动社会保

障出版社，2004.

[13] 刘建利．中国国有企业人本管理 [M]．北京：中国经济出版社，2008.

[14] 刘建利．中国国有企业人本管理 [M]．北京：中国经济出版社，2008.

[15] 罗宾斯．组织行为学精要：第 7 版 [M]．柯江华，译．北京：机械工业出版社，2005.

[16] 梅斯特梅克．欧共体经济法中的国有企业 [M]．北京：法律出版社，1998.

[17] 潘晨光，娄伟．中国人才发展报告 [M]．北京：社会科学文献出版社，2004.

[18] 彭剑锋．人力资源管理概论 [M]．上海：复旦大学出版社，2003.

[19] 萨缪尔森，诺德豪斯．经济学：第 16 版 [M]．萧琛，等译．北京：华夏出版社，1999.

[20] 世界银行．官办企业问题研究 [M]．北京：中国财政经济出版社，1997.

[21] 文魁，杨宜勇，杨河清．中国人力资源和社会保障发展研究报告（2008）[M]．北京：中国劳动社会保障出版社，2008.

[22] 杨宜勇，杨河清，张琪．回顾与展望——中国劳动人事社会保障 30 年 [M]．北京：中国劳动社会保障出版社，2008.

[23] 袁方，林彬．社会调查原理与方法 [M]．北京：高等教育出版社，2003.

[24] 曾湘泉，唐鑛．中国劳动问题研究 [M]．北京：中国劳动社会保障出版社，2006.

[25] 张德．人力资源开发与管理：第 2 版 [M]．北京：清华大学出版社，2001.

[26] 张德．人力资源开发与管理 [M]．北京：清华大学出版社，2007.

[27] 张文魁，袁东明．中国经济改革 30 年：国有企业卷 [M]．重庆：重庆大学出版社，2008.

[28] 张文魁，袁东明．中国经济改革 30 年——国有企业卷 [M]．重庆：重庆出版社，2008.

[29] 张彦宁，陈兰通. 2007 中国企业劳动关系状况报告 [M]. 北京：企业管理出版社，2007.

[30] 张玉清，李春玲. 国有企业经营者激励约束研究 [M]. 北京：中国经济出版社，2008.

[31] 赵耀. 中国劳动力市场雇用歧视研究 [M]. 北京：首都经济贸易大学出版社，2007.

[32] 中共中央组织部人才工作局. 百名专家谈人才 [M]. 北京：党建读物出版社，2012.

[33] 中共中央组织部人才工作局. 科学人才观理论读本 [M]. 北京：人民出版社，2012.

[34] 中国人事科学研究院. 2005 中国人才报告——构建和谐社会历史进程中的人才开发 [M]. 北京：人民出版社，2005.

[35] 中国社会科学院语言研究所词典编辑室. 现代汉语词典：修订本 [M]. 北京：商务印书馆，1996.

[36] 中央人才工作协调小组办公室，中共中央组织部人才工作局. 《国家中长期人才发展规划纲要（2010—2020 年）》学习辅导百问 [M]. 北京：党建读物出版社，2010.

二、期刊类

[1] 曹科岩，宁藏. 人力资源管理实践对员工敬业度的影响：组织支持感的中介作用——基于广东省高科技企业的实证研究 [J]. 科技管理研究，2012，32 (5).

[2] 陈进行. 国有企业服务于中国特色社会主义的思考 [J]. 理论前沿，2007，24.

[3] 陈志霞，陈剑峰. 组织支持感影响工作绩效的直接与间接效应 [J]. 工业工程与管理，2008 (1).

[4] 程燕林，李晓轩，宋邱惠. 高科技人才吸引和稳定的职场舒适物策略 [J]. 科学学研究，2021，3.

[5] 方来坛，时勘，张风华. 员工敬业度的研究述评 [J]. 管理评论，2010，22 (5).

[6] 韩翼，廖建桥，龙立荣. 雇员工作绩效结构模型构建与实证研究 [J].

管理科学学报，2007（5）.

[7] 韩翼，廖建桥．任务绩效和非任务绩效结构理论研究述评 [J]．管理评论，2006（10）.

[8] 纪晓丽，曾艳，凌玲．组织支持感与工作绩效关系的实证研究 [J]．工业工程，2008（4）.

[9] 全占明．战略管理——超竞争环境下的选择 [J]．北京：清华大学出版社，1999.

[10] 李金星，张蹄．员工敬业度的理论研究述评与展望 [J]．内蒙古财经学院学报，2011（1）.

[11] 李莉，林泽炎．党政人才激励与保障机制研究 [J]．国家行政学院学报，2009（2）.

[12] 李荣融．实施人才强企战略做强做大中央企业 [J]．管理世界，2005，5.

[13] 李锐，凌文轺．工作投入研究的现状 [J]．心理科学进展，2007（2）.

[14] 李育辉，孙汕珊．知识员工敬业度与工作绩效的关系研究综述 [J]．经营管理者，2010（7）.

[15] 凌文轺，杨海军，方俐洛．企业员工的组织支持感 [J]．心理学报，2006（2）.

[16] 刘海燕．企业理论的演变与我国的国有企业改革 [J]．科技与管理，2007，3.

[17] 刘淑静，张希凤．互惠性偏好、员工敬业度与知识共享意愿关系研究 [J]．江苏商论，2012（11）.

[18] 刘小平，邓靖松．员工敬业度的理论研究综述 [J]．软科学，2009，23（10）.

[19] 刘旭涛．如何畅通"体制内外"人才流动通道 [J]．人民论坛，2016（16）.

[20] 刘旭涛．十八大以来干部选任工作新气象 习近平总书记选人用人新思路 [J]．人民论坛，2014（1）.

[21] 刘勇．员工敬业度研究的现状及未来研究方向 [J]．中国人力资源开发，2009（1）.

[22] 卢嘉，时勘，杨继锋．工作满意度的评价结构和方法 [J]．中国人力

资源开发，2001，1.

[23] 孙贵平，郑博阳，商丽浩."双一流"大学何以吸引人才？——来自模糊集定性比较分析的证据 [J].高教探索，2021，12.

[24] 孙健敏，陆欣欣，孙嘉卿.组织支持感与工作投入的曲线关系及其边界条件 [J].管理科学，2015，28（2）.

[25] 孙丽丽，陈学中.高层次人才集聚模式与对策 [J].商业研究，2006，9.

[26] 孙其军，王咏.北京 CBD 人才聚集的影响因素及对策研究 [J].人口与经济，2008，5.

[27] 孙卫敏，吕翠.组织支持感与员工敬业度关系 [J].北京理工大学学报（社会科学版），2012，14（4）.

[28] 谭小宏.个人与组织价值观匹配对员工工作投入、组织支持感的影响 [J].心理科学，2012，35（4）.

[29] 唐一庆.员工敬业度管理 [J].职业，2006（9）.

[30] 田喜洲，谢晋宇.组织支持感对员工工作行为的影响：心理资本中介作用的实证研究 [J].南开管理评论，2010，13（1）.

[31] 王辉，李晓轩，罗胜强.任务绩效与情景绩效二因素绩效模型的验证 [J].中国管理科学，2003（4）.

[32] 王养成.企业人才吸引力及其定量评价研究 [J].工业技术经济，2006，12.

[33] 王振.构建具有国际竞争力的人才吸引政策研究 [J].国家行政学院学报，2016，7.

[34] 吴继红，赵璧全，王玲.绩效管理认知对高校中层干部敬业度影响实证研究 [J].软科学，2009，23（12）.

[35] 萧鸣政，段磊.国有企业员工敬业度：结构探索与量表编制 [J].中国人力资源开发，2014（1）.

[36] 熊志坚，张成义.国有企业人才吸引力的现状及对策研究 [J].企业经济，2002，9.

[37] 徐晓锋，车宏生，林绚晖，等.组织支持理论及其研究 [J].心理科学，2005（1）.

[38] 叶双慧，程明.从勒温场论看国企人才流失 [J].武汉冶金管理干部

学院学报，2004，9.

[39] 袁凌，李健，郑丽芳. 国有企业知识型员工敬业度结构模型及其实证研究 [J]. 科技进步与对策，2012，29（3）.

[40] 曾晖，韩经纶. 提高员工敬业度 [J]. 企业管理，2005（5）.

[41] 曾晖，赵黎明. 企业员工敬业度的结构模型研究 [J]. 心理科学，2009，32（1）.

[42] 张同健，蒲勇健，刘敬伟. 雇主互惠性、员工敬业度与企业绩效的相关性研究：基于江苏浙江民营企业的数据检验 [J]. 贵州财经学院学报，2009（6）.

[43] 赵永乐. 人才管理政府与市场关系研究 [J]. 国家行政学院学报，2016（3）.

[44] 郑烨，刘伟. 工作满意度、主观幸福感与工作绩效 [J]. 财经问题研究，2012（12）.

[45] 周长伟，蒋慧敏. 人力资源管理研究中的心理学和经济学 [J]. 经济研究导刊，2007，6.

[46] 朱国仁. 落实"一带一路"倡议要优先投资于人 [J]. 行政管理改革，2015（6）.

[47] 朱琦环，张向前，黄种杰. 《吕氏春秋》与现代行政人力资源管理 [J]. 安徽广播电视大学学报，2001，4.

[48] 朱永跃，夏正晶，马志强. 真实型领导、组织支持感与新生代研发人员敬业度的关系研究 [J]. 中国科技论坛，2014（12）.

三、学位论文类

[1] 查淞城. 企业员工敬业度结构建模研究 [D]. 广州：暨南大学，2007.

[2] 程雪. 国有企业员工敬业度的实证研究 [D]. 武汉：华中农业大学，2009.

[3] 范素平. 企业员工组织支持感、敬业度与工作绩效的关系研究 [D]. 成都：西南财经大学，2012.

[4] 霍苑渊. 员工敬业度的构成维度及其影响因素研究：基于两个典型企业中的调查 [D]. 杭州：浙江大学，2008.

[5] 姜秀梅. 企业员工敬业度的组织影响因素研究 [D]. 济宁：曲阜师范

大学，2008.

　　[6] 李志刚. 国有企业人才竞争力研究 [D]. 成都：西南石油学院，2004.

　　[7] 秦剑军. 知识经济时代人才强国战略研究 [D]. 武汉：华中师范大学，2008.

　　[8] 万林波. 基于人力资源的企业核心竞争力研究 [D]. 武汉：武汉理工大学，2004.

　　[9] 王默凡. 知识型员工天职取向、员工敬业度与工作绩效关系研究 [D]. 北京：首都经济贸易大学，2014.

　　[10] 王晓萍. 企业知识性员工组织支持感对周边绩效的影响研究：以员工敬业度为中介变量 [D]. 杭州：浙江工商大学，2013.

　　[11] 王越. 国有企业员工敬业度的实证研究 [D]. 北京：首都经济贸易大学，2012.

　　[12] 于娟英. 北京市宣武区专业技术人才流动意愿影响因素研究 [D]. 北京：首都经济贸易大学，2006.

　　[13] 岳玲军. 当前心理契约下员工职业发展管理研究 [D]. 北京：首都经济贸易大学，2006.

　　[14] 张超. 组织氛围、主管支持感与公务员创新意愿关系的实证研究：以组织认同为中介变量 [D]. 成都：西南财经大学，2012.

　　[15] 张辉兰. 组织支持感、组织认同对工作绩效的影响研究：基于京津地区土建行业设计人员的实证分析 [D]. 大连：东北财经大学，2013.

　　[16] 朱宏琨. 国内 IT 员工工作满意度研究 [D]. 辽宁：大连理工大学，2004.

四、其他文献类

　　[1] 郝鹏出席中央企业人才工作会议强调 深入实施人才强企战略 为建设世界一流企业提供坚强人才保证 [EB/OL]. 国资委官网，2019-09-23.

　　[2] 习近平：高举中国特色社会主义伟大旗帜 为全面建设社会主义现代化国家而团结奋斗——在中国共产党第二十次全国代表大会上的报告 [EB/OL]. 中国政府网，2022-10-25.

　　[3] 习近平出席中央人才工作会议并发表重要讲话 [EB/OL]. 中国政府网，2021-09-28.

五、外文文献类

［1］ASELAG J, EISENBERGER R. Perceived Organizational Support and Psychological Contracts: a Theoretical Integration ［J］. Journal of Organizational Behavior, 2003, 24 (5).

［2］BAKKER A B. DEMEROUTI E. Towards a model of work engagement ［J］. Career Development International, 2008, 13 (3).

［3］CABLE D M, JUDGE TA. Pay preferences and job search decisions: a person-organization fit perspective ［J］. Personal Psychology, 1994, 47.

［4］GREENIN D W, TURBAN D B. Corporate social performance as a competitive advantage in attracting a quality workforce ［J］. Business & Society, 2000, 39 (3).

［5］HALF R. Finding, hiring, and keeping the best employees ［M］. New York: Willy, 1993.

［6］HOPPOCK R. Job satisfaction. New York: Harper and Brothers Publishers, 1935.

［7］KAUFMAN H G. Obsolescence and career development ［M］. New York: Amacom, 1974.

［8］KOLENKO T, TAYLOR M S. The relationship between organizational image and students' interview sign-up behavior ［A］. Annual Meeting of theAcademy of Management ［C］. New York, 1982.

［9］KOTTER J P. The Psychological Contract ［J］. California Management Review. 1973, 15.

［10］KRAIMER M L, WAYNE S J, JAWORSKI R A. Sources of support and expatriate performance: The mediating role of expatriate adjustment ［J］. Personnel Psychology, 2006, 54 (1).

［11］LOCKE E A. The nature and causes of job satisfaction ［M］. The handbook of industrial and organizational psychology. Chicago, I L: Rand McNally, 1976.

［12］MCGREGOR D. The Human Side of Enterprise ［M］. New York: McGraw -Hill, 1960.

［13］PORTER M E. The competitiveness advantaged of nations ［M］. New

York: Free press, 1998.

[14] RICHARD · SWEDBERG. Economics and Sociology [M]. Princeton N. J. Princeton University Press. c1990.

[15] ROTUNDO M, SACKETT P R. The Relative Importance of Task, Citizenship, and Counterproductive Performance to Global Ratings of Job Performance: A Policy-capturing Approach [J]. Journal of Applied Psychology, 2002, 87 (1).

[16] RYNES S L. Recruitment, job choice and post-hire consequences: a call for new research directions [M]. Handbook of Industrial and Organizational Psychology. 2nd ed. PaloAlto, CA: Consulting Psychologists Press, 1991.

[17] SAKS A M. Antecedents and consequences of employee engagement [J]. Journal of Managerial Psychology, 2006, 21 (7).

[18] SALANOA M, AGUST S, PEIRO J M. Linking organizational resources and work engagement to employee performance and customer loyalty: the mediating role of service climate [J]. Journal of Applied Psychology, 2005 (6).

[19] SCHAUFELI W B, BAKKER A B. Job demands, job resources, and their relationship with burnout and engagement: Amulti-sample study [J]. Journal of Organizational Behavior, 2004, 25 (1).

[20] SEASHORE S E, TABER T D. Job satisfaction and their correlation [J]. American Behavioral Scientist, 1975.

[21] SPECTOR P. Job Satisfaction. Thousand Oaks, CA: Sage, Copyright by Sage Publications, Inc. 1997.

[22] STINGLHAMBER F, VANDENBERGHE C. Organizations and Supervisors as Sources of Support and Targets of Commitment: a Longitudinal Study [J]. Journal of Organizational Behavior, 2003, 24 (3).

[23] TURBAN D B, GREENING D W. Corporate social performance and organizational attractiveness to prospective employees [J]. Academy of Management Journal, 1996, 40.

[24] WEISS D J. DAVIS R V. ENGLAND G W. Manual for Minnesota Satisfaction Questionnaire [M]. Minneapolies: University Minnesota, Industrial Relation Ceter, 1967.

附录 A

在京中央企业对专业技术人员引力效应问题研究问卷

各位在京中央企业工作的专业技术人员：

您好！这是一份学术研究型调查问卷。中央管理企业是我国国有企业的主力军，专业技术人员是中央企业人才队伍的重要组成部分，本问卷旨在了解目前专业技术人员对中央企业的一些看法和感受，因此我们特邀请您作为本次调查对象，恳请您能在百忙之中抽出时间作答。

本问卷采取匿名的方式，您的所有回答将依据相关规定完全保密，所有回答仅供作整体统计分析之用，不会对您个人和您所在单位造成任何影响，请您放心填写。

衷心感谢您对本次调查研究工作的支持！

答卷说明：

1. 本问卷共两部分内容，敬请您完整填写所有题目。答完整篇问卷约需时15分钟，感谢您的支持。

2. 请在您认同的选项对应的"□"上打钩"√"，每小题只选择一项。对最后一道问题，则请在_____上填答。

3. 1代表"非常符合"，2代表"比较符合"，3代表"一般"，4代表"不太符合"，5代表"非常不符合"

	第一部分：请您仔细阅读以下内容并与您的实际感受进行对照，再从每题右侧的五级评分制中选出最能代表您看法和感受的一项。（选项对应的"□"上打钩"√"） 以下题目中的"其他类型企业"泛指省级国企、私企、外企等非中央企业	非常符合 比较符合 一般 不太符合 非常不符合
Y1	与其他类型企业相比，我选择中央企业是因为在中央企业能使我产生自豪感	1□ 2□ 3□ 4□ 5□
Y2	与其他类型企业相比，我选择中央企业是因为我在中央企业获得了更多的个人成长和发展的锻炼机会	1□ 2□ 3□ 4□ 5□
Y3	与其他类型企业相比，我选择中央企业是因为在工作中我能学习到新知识，培养新技能	1□ 2□ 3□ 4□ 5□
Y4	与其他类型企业相比，我选择中央企业是因为工作中可以经常与政府人员交往，提高人际交往能力	1□ 2□ 3□ 4□ 5□
Y5	与其他类型企业相比，我选择中央企业是因为中央企业在社会上具有较高知名度	1□ 2□ 3□ 4□ 5□
Y6	与其他类型企业相比，我选择中央企业是因为我看重中央企业与政府之间的工作交往的密切关系	1□ 2□ 3□ 4□ 5□
Y7	与其他类型企业相比，我选择中央企业是因为国家政策对中央企业有一定的倾斜	1□ 2□ 3□ 4□ 5□

续表

Y8	与其他类型企业相比，我选择中央企业是因为我在中央企业中工作有主人翁的感觉	1□　2□　3□　4□　5□
Y9	与其他类型企业相比，我选择中央企业是因为中央企业在社会上更加具有影响力	1□　2□　3□　4□　5□
Y10	与其他类型企业相比，我选择中央企业是因为在工作中我有较大的工作自主权，可以实践自己的想法	1□　2□　3□　4□　5□
Y11	与其他类型企业相比，我选择中央企业是因为中央企业有较强的资金和财力支持	1□　2□　3□　4□　5□
Y12	与其他类型企业相比，我选择中央企业是因为中央企业的级别要高	1□　2□　3□　4□　5□
Y13	与其他类型企业相比，我选择中央企业是因为中央企业有较强的科技创新能力	1□　2□　3□　4□　5□
Y14	与其他类型企业相比，我选择中央企业是因为中央企业为员工建立了健全的福利体系（娱乐休闲、福利分房或货币化房帖等）	1□　2□　3□　4□　5□
Y15	与其他类型企业相比，我选择中央企业是因为中央企业提供更加公平竞争的机会	1□　2□　3□　4□　5□
Y16	与其他类型企业相比，我选择中央企业是因为在中央企业工作中很少遇到互相推诿的现象	1□　2□　3□　4□　5□
Y17	与其他类型企业相比，我选择中央企业是因为中央企业可以提供出国培训进修的机会	1□　2□　3□　4□　5□

Y18	与其他类型企业相比，我选择中央企业是因为在中央企业工作有行政级别身份（处级、科级等）	1□ 2□ 3□ 4□ 5□
Y19	与其他类型企业相比，我选择中央企业是因为在中央企业工作有良好的职业发展前景	1□ 2□ 3□ 4□ 5□
Y20	与其他类型企业相比，我选择中央企业是因为企业有良好的工作环境（工作场所与条件）	1□ 2□ 3□ 4□ 5□
Y21	与其他类型企业相比，我选择中央企业是因为同等职位条件下我目前的收入水平高于同行业其他企业	1□ 2□ 3□ 4□ 5□
Y22	与其他中央企业相比，我愿意选择规模较大的中央企业工作	1□ 2□ 3□ 4□ 5□
Y23	与其他中央企业相比，我愿意选择地处北京的中央企业	1□ 2□ 3□ 4□ 5□
Y24	与其他中央企业相比，我愿意选择具有持续盈利能力的企业	1□ 2□ 3□ 4□ 5□
Y25	与其他中央企业相比，在京中央企业的人才落户政策相对宽松，可以解决北京户口	1□ 2□ 3□ 4□ 5□
Y26	与其他中央企业相比，我愿意选择在更高级别的企业中工作	1□ 2□ 3□ 4□ 5□
第二部分　个人背景信息资料（选项对应的"□"上打钩"√"）		

P1 您的性别： □男　　　　　　□女

P2 您目前所在中央企业层级：

□中央管理企业集团本部　　　　　□中央管理企业集团所属单位

P3 您所在企业所属行业（请依据主营业务选择）：

□军工类　　　　□石油化工类　　□电力类　　　□电信类

□交通运输类　　□科研类　　　　□建筑类　　　□贸易类

□纺织类　　　　□投资类　　　　□生物医药类　□其他

P4 您的年龄：□25 岁以下　□26～30 岁　□31～35 岁　□36～40 岁

□41～45 岁　　□46～50 岁　　□51 岁以上

P5 您的婚姻状况：□未婚　　　　□已婚

P6 您的受教育文化程度：□专科及以下　□本科（双学士）　□硕士　□博士

P7 您的工作年限：□1 年以下　　　□1～5 年　　　□6～10 年

□11～15 年　　　□16～20 年　　　□20 年以上

P8 您目前的专业技术职称：□员级　　□助理级　□中级　□副高级　□正高级

P9 您是通过何种途径到中央企业工作的：

□学校毕业分配　□单位调动　□社会招聘　□军转　□自荐　□其他

P10 您目前的户籍情况：

□一直是北京户口　　　　　　□ 因在中央企业工作而办理了北京户籍

□非北京户籍，但在等待办理并有希望解决

□非北京户籍且没有希望解决

P11 您对在京中央企业更好地吸引专业技术人员，提升人才竞争力方面的意见与建议（烦请您抽出一点宝贵时间填写几句）：

_____

_____

_____

_____

本问卷到此结束。请检查是否有漏答之处，再次感谢您大力的支持！

附录 B

组织支持感对中央企业外派人员工作绩效影响研究问卷

尊敬的各位中央企业外派工作人员：

您好！首先非常感谢您配合填写此份问卷。这是一份学术研究型调查问卷，旨在研究目前中央企业外派人员的主观感受与工作绩效之间的关系，填写约需10分钟。特邀请您作为本次调查对象，恳请您能在百忙之中抽出一点时间作答。

本问卷采取匿名的方式，您的所有回答将依据《统计法》的相关规定完全保密，所有回答仅供整体统计分析之用，不会对您个人造成任何影响，请您放心填写。

衷心感谢您对本次调查研究工作的支持！

答卷说明：

1. 本问卷共四部分内容，敬请您完整填写所有题目。

2. 请在您认同的选项对应的"□"上打钩"√"，每小题只选择一项。

3. 第一部分至第三部分为主观感受部分问卷，请仔细阅读内容并与您的实际感受进行对照，再从每题右侧的五级评分制中选出最能代表您看法和感受的一项，在选项对应的"□"上打钩"√"。

其中，1代表"非常不符合"，2代表"不太符合"，3代表"一般"，4代表"比较符合"，5代表"非常符合"。

4. 第四部分为个人背景信息资料调查，请您根据自己实际情况在符合选项对应的"□"上打钩"√"。

第一部分：组织支持感调查 （请判断与您实际感受的符合程度）	非常不符合	不太符合	一般	比较符合	非常符合
Z1 我工作做得出色时，能引起企业的注意	1□	2□	3□	4□	5□
Z2 企业非常看重我的工作目标和价值观	1□	2□	3□	4□	5□
Z3 企业不会有机会就利用我	1□	2□	3□	4□	5□
Z4 企业能同意我要求改变工作条件的合理要求	1□	2□	3□	4□	5□
Z5 企业乐意在广泛的范围内帮助我尽自己的最大能力完成工作	1□	2□	3□	4□	5□
Z6 企业重视我的意见	1□	2□	3□	4□	5□
Z7 企业会给我提供一些晋升的机会	1□	2□	3□	4□	5□
Z8 企业希望能让我担当最适合我能力的工作	1□	2□	3□	4□	5□
Z9 企业尽可能使我的工作充满兴趣	1□	2□	3□	4□	5□
Z10 企业会理解我偶尔由于私人原因而出现的缺勤	1□	2□	3□	4□	5□
Z11 企业会奖赏我在本职工作外所付出的劳动	1□	2□	3□	4□	5□
Z12 企业真正地关心我的生活状况	1□	2□	3□	4□	5□
Z13 企业会考虑到我应得多少工资的问题	1□	2□	3□	4□	5□
Z14 在我需要特殊帮助时，企业乐于提供帮助	1□	2□	3□	4□	5□

续表

Z15	在做出可能会影响到我的决策时，企业会考虑我的最大利益	1□ 2□ 3□ 4□ 5□
Z16	当获得更多效益时，企业会考虑增加我的工资	1□ 2□ 3□ 4□ 5□
Z17	企业认为我离职将是不小的损失	1□ 2□ 3□ 4□ 5□
Z18	企业认为一直把我留在企业将起到不小的作用	1□ 2□ 3□ 4□ 5□
Z19	如果我失业了，在合适的时候，企业会召回我而不是招个新人	1□ 2□ 3□ 4□ 5□
Z20	企业不会因为能以较低的工资招聘到别人来代替我而就辞退我	1□ 2□ 3□ 4□ 5□
Z21	在我要求离职的时候，企业会挽留我	1□ 2□ 3□ 4□ 5□
Z22	如果我的工作被取消了，企业会把我安排到新岗位而不是与我解除劳动关系	1□ 2□ 3□ 4□ 5□
Z23	企业对我在工作中所做出的成就感到骄傲	1□ 2□ 3□ 4□ 5□

第二部分：敬业度调查 （请判断与您实际感受的符合程度）	非常不符合	不太符合	一般	比较符合	非常符合
J1	在工作时我能感到很兴奋	1□ 2□ 3□ 4□ 5□			
J2	我工作时精力很充沛	1□ 2□ 3□ 4□ 5□			
J3	早上起床后我就想去工作	1□ 2□ 3□ 4□ 5□			

续表

J4	我对自己的工作充满热情	1□ 2□ 3□ 4□ 5□
J5	工作激发了灵感并激励着我	1□ 2□ 3□ 4□ 5□
J6	我为自己的工作感到自豪	1□ 2□ 3□ 4□ 5□
J7	企业对我在工作中所做出的成就感到骄傲	1□ 2□ 3□ 4□ 5□
J8	我愿意沉浸在自己的工作中	1□ 2□ 3□ 4□ 5□
J9	我在工作时会达到忘我境界	1□ 2□ 3□ 4□ 5□

第三部分：工作绩效调查 （请判断与您实际感受的符合程度）	非常不符合　不太符合　一般　比较符合　非常符合
G1　我会主动承担富有挑战性的工作	1□ 2□ 3□ 4□ 5□
G2　我会主动解决工作中存在的困难	1□ 2□ 3□ 4□ 5□
G3　我的工作质量很高	1□ 2□ 3□ 4□ 5□
G4　我会加班工作以准时完成任务	1□ 2□ 3□ 4□ 5□
G5　我在工作上很努力	1□ 2□ 3□ 4□ 5□
G6　我坚持克服工作中的困难以便完成任务	1□ 2□ 3□ 4□ 5□
G7　我总是在规定的时间内完成任务	1□ 2□ 3□ 4□ 5□
G8　我完成工作任务时能达到上级的要求	1□ 2□ 3□ 4□ 5□

G9	我的工作效率很高	1☐ 2☐ 3☐ 4☐ 5☐
G10	我的工作能够达成预期目标	1☐ 2☐ 3☐ 4☐ 5☐
G11	我能公平的对待同事	1☐ 2☐ 3☐ 4☐ 5☐
G12	我与同事间的关系很融洽	1☐ 2☐ 3☐ 4☐ 5☐
G13	我能主动给同事提供帮助	1☐ 2☐ 3☐ 4☐ 5☐
G14	我能够体贴和关心其他同事	1☐ 2☐ 3☐ 4☐ 5☐

第四部分：领导虚伪感知调查 （请判断与您实际感受的符合程度）	非常不符合	不太符合	一般	比较符合	非常符合
L1	我希望我的领导能做到他所宣扬的	1☐ 2☐ 3☐ 4☐ 5☐
L2	我的领导告诉我要遵守规则，但他不遵守	1☐ 2☐ 3☐ 4☐ 5☐
L3	我的领导叫我做他不想做的事	1☐ 2☐ 3☐ 4☐ 5☐
L4	我的领导会逃避那些我不能逃避的事	1☐ 2☐ 3☐ 4☐ 5☐

第五部分　个人背景信息资料

1. 您的性别：□男　□女

2. 您的婚姻状况：□未婚　□已婚

3. 您的年龄：□25 岁以下　□25～35 岁　□35～45 岁　□45 岁以上

4. 您的受教育文化程度：□ 本科以下　□ 本科（双学士）　□ 研究生

5. 您的外派累计工作年限：□3 年以下　□3～5 年　□5～10 年　□10 年以上

6. 您的外派工作地区（如有多次，以最后一次为准）：

　　□亚欧地区　□非洲地区　□美洲地区

7. 您外派工作岗位（如有多次，以最后一次为准）：

　　□基层员工　□中层管理者　□高层管理者

　　本问卷到此结束。请检查是否有漏答之处，再次感谢您大力的支持！

后　记

习近平总书记在中央人才工作会议上强调，深入实施新时代人才强国战略，全方位培养、引进、用好人才，这为新时代做好人才工作进一步指明了方向。"功以才成，业由才广"，人才是企业发展的第一资源，是中央企业做强做优的根本动力和坚强保证。在推进中国式现代化进程中，中央企业肩负着高质量发展、科技自立自强、增进民生福祉和推动绿色发展的时代责任，急需着力打造一批数量充足、结构科学、素质过硬、适应发展的世界一流人才集群。在此背景下，如何有效吸引和使用优秀人才，成为中央企业人才管理面临的重大课题。

本书是在我攻读首都经济贸易大学劳动经济学专业和国家行政学院公共管理专业期间所撰写学位论文的基础上经过进一步修改完善而成。我大学毕业后进入中央企业组织人事系统工作，曾参与、主持多项企业人事人才专项改革工作，指导、编写多项人力资源管理制度，对中央企业人才管理工作以及相关政策变迁有着切身的感受。因此，两篇学位论文的创作都是基于我在中央企业的实践经历，将人才吸引和使用中的经验做法进行梳理和总结，分析工作中存在的问题并提出了建设性的意见。党的二十大报告提出"人才是第一资源""人才强国战略""人才引领驱动"等关于人才的重要论述，在此背景下，我决定重新将两篇论文成果进行适当的修改和完善，以供广大中央企业人才工作者交流借鉴。我认为这项工作对企业未来更好聚焦高素质人才队伍建设，吸引人才、用好人才具有重要的现实意义，也是作为一名在公共部门从事人力资源管理工作的人员责无旁贷的责任。本次写作和修改的经历也是我对中央企业人才吸引与使用问题再次深入研究的过程，是对中央企业人力资源管理工作实践不断再学习、再思考和再成长的过程。

在本书修改完成之际，除了体会到做学术科研工作的艰辛外，更多的是觉得自己很幸运，一路走来都能够得到恩师们的谆谆教诲和无私帮助。衷心感谢

184

首都经济贸易大学赵耀教授和中央党校（国家行政学院）刘旭涛教授！是赵耀教授给予我鼓励并提供了出版社编辑老师的联系方式，刘旭涛教授更是在百忙之中为本书撰写了序言。在首都经济贸易大学和国家行政学院求学期间的经历，至今仍历历在目。从选题拟定、提纲设计、初稿写作到最终定稿，无不得到了两位教授的热情帮助和悉心指导。特别是他们在当时肩负着学校行政、教学以及科研繁重的工作任务之下，每次都认真倾听我的想法并给予了具体的指导，既宽容我的学术认识，又严格要求。两位教授对我的关怀与指导是全方面的，每当我在工作上遇到困难求助时，两位教授都会第一时间给予建议或协助解决。借此机会，我真诚地感谢我心中永远敬重的导师并致以深深的敬意！师恩难忘！

在本书成果创作过程中，我还得到了许多专家、学者和同行的帮助和支持。感谢首都经济贸易大学、国家行政学院给予我的宝贵学习机会，感念于诸位老师的包容与提携，才使我的漫漫学术之路得以顺利开启。感谢我在国家行政学院学习期间的班主任刘峰老师和原所在单位直属领导张卫平先生，他们或者就我的研究提出建设性建议，或者在我学习和工作生活面对彷徨迷茫时给予鼓励和帮助。在此，仅对各位先生的鼓励、关心和对晚辈后学的殷切期望致以诚挚的感谢！此外，还要特别感谢我的父母、岳父母、妻子和女儿！他们是我最坚强的后盾，一路走来承载了他们对我无尽的关爱和付出，使我在困难面前增添了信心和勇气！

感谢光明日报出版社相关领导、编辑对本书方案设计和内容定稿等方面给予的指导，感谢"光明社科文库"计划，使本书得以精美的形式呈现给各位读者。在写作过程中，我也参考了大量的文献和资料，吸取了前人的研究成果，力求使研究的内容更加充实、准确和具有说服力。但限于时间、精力和自身知识水平所限，书中纰漏和错误之处在所难免，欢迎各位读者提出宝贵意见。

周 达

2023 年 11 月于北京